重新定义交通
人工智能引领交通变革

赵光辉　编著

机械工业出版社

本书结合作者自身多年来在交通领域的研究实践经验，对智慧交通产业涉及的关键问题进行了详尽讲解，全面阐述了人工智能、无人驾驶技术在智慧交通领域的发展现状、应用方向及未来趋势，以及无人机、无人船、港口智能化等领域存在的问题，并针对相应的问题提出了系统化、立体化的实战路径和应对方略。

本书既可作为智慧交通、人工智能、无人驾驶、大数据、物联网等产业从事产业研究的科研及工程技术人员的参考书，也可作为普通高等院校人工智能、车辆工程、自动化、计算机等相关专业师生的参考资料，还可作为广大对人工智能、无人驾驶、智慧交通感兴趣的读者朋友的科普读物。

图书在版编目（CIP）数据

重新定义交通：人工智能引领交通变革 / 赵光辉编著.
—北京：机械工业出版社，2019.10
ISBN 978-7-111-64019-6

Ⅰ.①重… Ⅱ.①赵… Ⅲ.①人工智能-应用-交通运输管理-智能系统-研究 Ⅳ.①U495

中国版本图书馆 CIP 数据核字（2019）第 227753 号

机械工业出版社（北京市百万庄大街 22 号　邮政编码 100037）
策划编辑：赵海青　　责任编辑：赵海青
责任校对：炊小云　　责任印制：孙　炜
保定市中画美凯印刷有限公司印刷
2020 年 1 月第 1 版　第 1 次印刷
169mm×239mm・14.5 印张・233 千字
标准书号：ISBN 978-7-111-64019-6
定价：69.00 元

电话服务　　　　　　　　网络服务
客服电话：010-88361066　　机　工　官　网：www.cmpbook.com
　　　　　010-88379833　　机　工　官　博：weibo.com/cmp1952
　　　　　010-68326294　　金　书　网：www.golden-book.com
封底无防伪标均为盗版　　　机工教育服务网：www.cmpedu.com

序

赵光辉博士从 2013 年 12 月到 2015 年 12 月，在密歇根大学工程学院访问。那段时间过得很快，由于担任繁重的科研和行政工作，虽然他与我在同一个实验室里工作，但是只有重大事情的时候才能见得上面。有一天下午，我们在吴贤铭教授家里举办的师母崔德娴（Daisy）追思会上坐了一会儿。我问他是从国内的什么机构到密歇根大学的，他说是国家交通运输部下属的研究中心，密歇根大学的汽车工程研究在全美是领先的，这个领域也是交通运输行业重要的领域，他由此展开全球交通运输制造问题的研究。交谈中，他曾问我一个问题：未来制造研究的终极目标将会是什么？我以一枚钱币切削 2 万次、不断提高精度为例，借助先师吴贤铭教授提出的"改善"精神和理念，认为我们的日常生活将借助工程技术变得更加精准、更加人性、更加美好。后来在国内的南京、沈阳等密歇根大学校友会上，与赵光辉博士又见过几次。虽然每次见面都很短暂，但是每次听到其一年的工作经历、研究进展和成绩，感觉他过得比较充实。

今天非常高兴看到《重新定义交通：人工智能引领交通变革》一书的样稿，赵光辉博士试图结合在交通领域工作研究实践，描述人工智能、无人驾驶、智慧交通等新技术在现代交通运输领域的发展现状、应用方向及未来趋势，尤其勾勒了一幅未来无人交通的场景，具有一定的画面感。作为一种基于现有技术，对未来交通运输行业发展蓝图的描绘，我认为是非常有价值的。放眼世界，有的人因为看见才相信，有的人因为相信而指引，科学技术和工程技术的发展往往也因此不断前行。无论中国还是美国，数字技术、人工智能、超级计算等新技术与交通运输都在深度融合。我们能够看见的一个个新型的交通运输产品、一家家新型的交通运输企业、一种种新型的交通运输产业层出不穷地服务人类，在其背后，我们看不见的则是一点一滴的技术进步，加上金融资源、政策资源与数据资源等多种资源催化、激活这些技术，源源不断地使之转化为我们能够看得见的成果，将心中美好的想法变成交通基础设施网络、运输服务网络、交通信息网络、交通能源网络等以人性化方式服务人类。

技术进步是未来交通运输发展的基础，包括人工智能交通技术，但技术只是推动人工智能交通全面展现的一种力量。我们乐见：大学、企业、市场、政府、社会等各方共同努力，早日实现本书所描绘的美好交通运输未来。

胡仕新

S. Jack Hu

胡仕新（S. Jack Hu）教授是中国工程院外籍院士、美国工程院院士，密歇根大学机械工程系教授，工业工程系教授，瑞德和波莉安德森制造学科冠名教授，曾任密歇根大学副校长（主管科研），现任美国佐治亚大学常务副校长。胡仕新教授在汽车装配与质量、制造系统设计、工程统计等研究领域有很高的国际学术权威。

自 序

蓦然回首，从 1996 年我在湖北省汉川县参加工作至今已经有 23 年时间，2006 年我被分配到国家交通运输部工作至今也已有 13 年，这期间我见证了中国交通基础设施建设取得的骄人成果。由于工作原因，近几年我经常到全国各地出差，方便快捷的高铁和飞机，使我可以早上在南京做学术报告，下午到上海参加行业会议，晚上到杭州和朋友小聚，而在十几年前，这是我们根本无法想象的。

交通运输是一个历史悠久的行业，关系着社会经济的运行效率。更高的出行效率与安全性、更为优质的出行体验，应该是每一个交通从业者永恒的追求。随着我国城市化进程日渐加快，车辆密度快速增大，交通拥堵也愈发严重，随之而来的人们出行时间成本增加、能源浪费、交通管理难度提升、交通事故频发等诸多问题，给建设"人便于行，货畅其流"的现代交通运输体系带来了重大阻碍。

2018 年 1 月 23 日，百度地图发布了利用大数据技术对自身积累的海量位置数据、交通出行数据进行深度挖掘而制成的《2017 年 Q4& 年度中国城市研究报告》，报告指出，交通拥堵造成了重大经济损失，北京、重庆、上海位居前三，年人均拥堵成本分别为 4013.31 元、2856.59 元、2753.74 元。

我国想要完成从交通大国向交通强国的质变，绝非拓宽马路、增加更多停车场就可以实现。交通运输是一个庞大而复杂的生态系统，仅着眼于某一环节、某一节点根本不能有效解决问题。

美国、日本等发达国家的实践案例已经充分证明，发展交通运输产业要有全局性、前瞻性。未来，我们固然需要加大交通基础设施建设，但更为关键的是要对现有交通运输资源进行高度整合与高效配置，编织出密集高效的水陆空交通网。而人工智能技术的发展与应用，无疑为推动我国交通运输产业转型和升级提供了新的思路。

通过人工智能赋能交通运输产业，使这个古老的行业焕发生机与活力，是当代交通人的责任和使命，也是我创作本书的初衷。近几年，在参加"中国人工智能+交通发展论坛"等行业会议的过程中，我发现关于"人工智能如何在交通领域发展、落地"的研究愈发深入，实践项目层出不穷。被称为"中国智能卡口之父"的姜良维主任指出："国产自主可控的人工智能视觉处理器，成为构建重大交通事故综合评估、提前预警、即时干预与快速处置技术体系的关键。"国际学者周学松教授指出："交通大数据应用分为四个阶段：多源数据可视化、交通系统深度感知、理解交通状态并获得政府支持、建立依据大数据感知的决策平台。"

2018年12月27日，华为联合奥迪中国、北京市首都公路发展集团有限公司等完成了全国首例高速公路实际场景的车路协同测试。在两天后举行的延崇高速（北京段）车路协同与自动驾驶演示工作会议上，华为又定义并演示了车路协同在高速公路第一阶段应用时应重点关注的10余项关键场景、车路协同价值与实现方案（包括前方紧急制动预警、前方事故预警、异常闯入物预警、自动变道超车、自动减速、自动紧急停车等）。

通过和业界专家学者的交流沟通，再加上长期的研究思考，我记录了一些有价值的思想火花，但由于工作繁忙，用了3年时间才将手稿整理成书。希望读者阅读本书后可以认识到人工智能对交通运输产业发展的重要价值，找到人工智能在交通运输领域落地应用的有效路径。

可以说，人工智能将会给交通运输产业带来一场前所未有的颠覆性变革。基于大数据、云计算、物联网、人工智能等新兴技术打造的无人交通体系，将使各交通参与单元都具备"自主"思维，使人、路、网、车、政合而为一。

智慧公路作为无人交通体系的重要组成部分，将在构建完善的出行生态圈方面扮演不可取代的关键角色，它可以提供智慧设施、智慧管控、智慧决策、智慧评价、智慧防控、智慧预警等多种服务。

在重资产且竞争日趋白热化的物流行业，利用人工智能技术拓展物流价值链的广度与深度已成为主流趋势。仓储运营、干线运输及终端配送等环节正在朝着数字化、智能化、智慧化方向转型，这将有力地促进整个物流过程的可视化，使物流企业可以为客户提供一站式供应链服务。

无人机应用持续深入，其在搜救、检测、救援和监管等方面开辟出了广阔的应用空间，特别是在城市交通管理的流量检测、事故处理、交通疏导等方面爆发出了惊人能量。

智慧交通是智慧城市的有机组成部分，国家政策的大力支持、资本的涌入、相关从业者的积极探索等，为其发展提供了广阔的空间。大力发展智慧交通，也是我国从交通大国迈向交通强国的必经之路。

我们应该认识到，在人工智能等智慧科技引发的新一轮科技革命中，我国和发达国家之间的差距相对较小，得益于华为、中兴、百度等富有创新与挑战精神的中国企业，甚至在部分领域还有领先优势。因此，未来我国需要找准自己的国际坐标，充分发挥5G、IOT、云计算等"核心竞争力"，从资源禀赋、产业特征、区位优势、发展水平等多方面考量，选取部分城市作为试点，由点到线，由线到面，稳步、有序推进。

赵光辉
2019 年 10 月

前 言

近年来，快速发展的人工智能技术在交通、教育、物流、零售、制造、医疗等诸多产业展现出了惊人的价值创造能力。人工智能技术和新能源、大数据、云计算、自动控制等技术在交通领域的融合应用，使构建安全、便捷、高效、绿色的智慧交通体系成为可能，将促使交通行业发生前所未有的重大产业革命，为建设无人交通提供强有力的支持。

2018年1月，普华永道会计事务所（PwC）发布的研究报告中指出，预计到2040年，机器学习技术将会在交通工具中得到广泛应用，全球大部分大城市将出现无须人员参与的全自动交通系统，结合成熟而完善的基础设施，为车辆提供道路导航等出行服务，对控制大城市汽车总量、提高交通安全、改善空气质量等具有极高价值。

以无人驾驶技术为核心的无人驾驶汽车将基于每辆车的实时动态信息，实现自组织协同驾驶。它以人的安全为第一要义，科学合理解决路权分配问题，通过车、路、智慧交通信息网络一体化，统一进行路线规划、协调，将人从单调枯燥、高强度、高集中度的驾驶作业中解放出来，实现全自动驾驶、智能互联，将创造巨大的经济效益与社会效益。

人工驾驶对驾驶人本身的独立行为能力有极高的依赖性，行人、私家车、自行车、公交车等多主体参与的城市道路驾驶场景，更是对驾驶人的驾驶技能、应变能力、心理素质等提出了较高挑战。引发交通事故的因素是多方面的，比如设备故障、人为因素、环境因素、管理因素等，而人为因素（包括有意和无意行为）无疑占有较高的比重。比如，人工驾驶存在的视觉盲区、疲劳驾驶、酒后驾驶、大脑反应不及时、强行超车并线、路口加塞、占道行驶和停车等问题，都很容易引发交通事故。

而无人驾驶车辆上配备摄像头、激光雷达、毫米波雷达、超声波雷达等多种传感器，这些"眼睛"能够让无人驾驶汽车对全方位信息进行实时感知。作为

"大脑"的车载智能系统根据"眼睛"实时捕获的数据,以及车联网平台、交通综合信息服务平台等第三方发布的数据设计行驶路线与出行方案,并结合实时路况对其进行持续优化。

控制与操作系统是无人驾驶车辆的"驾驶人",它利用车辆控制技术、自动转向控制系统等,使车辆始终处于安全、稳定、高效运行状态,动态优化行驶速度、车距,让车辆自主完成避障、超车、换道、加减速、停车等驾驶行为。当然,这需要卫星导航系统、紧急制动系统、车道偏离检测系统、自动泊车系统、自适应巡航控制系统等一系列子系统提供强有力的支持。

"交通云"建设是无人驾驶车辆大规模应用及发展无人交通的重要基础,从技术角度上,应用人工智能技术的车载智能系统确实可以具备像人脑一般的思考与决策能力,但如果将车辆决策完全交由车载智能系统负责,将会显著提高其工作量,从而对车辆软硬件设施提出较高挑战。

而利用"交通云"平台可以将目标区域内的所有车辆、道路及人融入一体化智慧交通网络系统之中,统一对车辆进行统筹调度,使车辆可以相互了解当前及下一步的移动意向,从而预知潜在风险并采取应对措施,显著降低追尾、触碰剐蹭等交通事故的发生概率,也有利于控制无人驾驶车辆开发及生产成本。

交通运输是国民经济的基础性、先导性、战略性产业,是重要的服务性行业,其发展水平对国民经济持续稳定增长、改善人民生活水平、提高我国综合国力与国际竞争力等具有极为重要的影响,而交通数字化、智能化、智慧化是交通行业的主流趋势,是进一步提高交通运输水平、实现交通强国战略目标的必然选择,需要政府、企业、科研机构、资本方及广大创业者的共同参与。特别是政府部门必须做好顶层设计,为人工智能在交通领域的落地应用指明方向,提供科学指导与帮助;加快完善相关法律法规,为无人驾驶汽车上路、交通大数据共享并挖掘其价值等扫清政策阻碍;引导企业成立行业协会,为公众搭建方便、快捷、低成本的沟通平台,形成"政府监管+行业自律+企业自治+公众监督"的无人交通管理机制。

作为一名交通运输领域的行业观察者和参与者,笔者在对自身多年的思考与分析进行深入总结,并结合大量实践案例的基础上创作了本书,对无人交通产业发展的宏观背景、现状、战略规划、行业方案等进行了深入浅出的详细分析,希望能够为决策者、创业者、企业、科研机构等各方在无人交通领域的探索与布局提供有效借鉴与帮助。

本书共分为人工智能、无人驾驶、智慧交通、城市轨道智能化、无人机、无人船、港口码头智能化以及人工智能引领交通变革等八大部分，在进行理论阐释的同时，又结合日本、美国、德国、法国等交通强国的无人交通探索案例，给出符合我国国情的无人交通发展方案。

本书强调交通运输有公路、铁路、水路、航空、管道等多种方式，而人工智能在不同运输方式中的应用难度、现状等存在一定差异。比如：铁路、航空运输行驶路线较为固定，路况复杂性较低，从而给人工智能应用项目落地带来诸多便利，在部分细分领域已经取得初步成果；公路运输行驶路线多元、路况复杂，给人工智能技术的应用带来一定阻碍。不过，我们有充分的理由相信，在政府、企业、创业者等各方共同努力下，无人交通产业将会涌现一系列令人期待的新技术、新模式、新业态，促使无人交通产业在日趋成熟的同时，为我国创造更多新的经济增长点。

目 录

序
自 序
前 言

第 1 章 人工智能：引领未来交通新路径

1.1 基于人工智能技术的智慧交通系统 / 003
1.1.1 人工智能的概念内涵与工作原理 / 003
1.1.2 人工智能重新定义智慧交通格局 / 004
1.1.3 基于人工智能的智慧交通考量指标 / 006
1.1.4 人工智能在智慧交通领域的应用 / 007

1.2 人工智能在智慧交通控制中的应用 / 011
1.2.1 交通控制领域中的人工智能研究 / 011
1.2.2 仿真工具在交通控制领域的应用 / 012
1.2.3 车路协同在交通控制领域的应用 / 014
1.2.4 人工智能在交通管理领域的应用 / 016

1.3 人工智能在无人物流领域中的应用 / 018
1.3.1 人工智能在物流领域的场景应用与展望 / 018
1.3.2 人工智能在即时配送领域的应用 / 019
1.3.3 无人技术在智慧物流领域的应用 / 021

1.4 无车承运人：降本增效的新型物流 / 024
1.4.1 无车承运人的概念、形成与现状 / 024
1.4.2 无车承运人模式的四大优势分析 / 025
1.4.3 我国发展无车承运人的对策建议 / 027

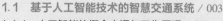

第 2 章 无人驾驶：正在横扫全球的交通革命

2.1 无人驾驶的技术起源、发展与应用 / 031
2.1.1 无人驾驶开启智慧交通新时代 / 031
2.1.2 无人驾驶技术的四个发展阶段 / 033
2.1.3 无人驾驶技术的演变路径 / 036
2.1.4 无人驾驶颠覆与重构交通生态 / 037

2.2 全球布局：抢滩无人驾驶竞争制高点 / 040
2.2.1 全球无人驾驶产业的竞争格局 / 040
2.2.2 全球各国无人驾驶技术的发展 / 043
2.2.3 全球无人驾驶的商业应用前景 / 045
2.2.4 全球领先的无人驾驶研发企业 / 046

2.3 技术路线：无人驾驶产业的关键技术 / 050
2.3.1 无人驾驶技术的关键组成部分 / 050
2.3.2 感知层：采集环境与驾驶信息 / 052
2.3.3 决策层：路线规划与实时导航 / 054
2.3.4 执行层：精准控制汽车的运行 / 055

第 3 章 从无人驾驶到智慧交通

3.1 无人驾驶技术驱动的智慧交通系统 / 059
3.1.1 我国智慧交通系统的现状 / 059
3.1.2 无人驾驶在智慧交通领域的应用 / 062
3.1.3 无人驾驶汽车对城市交通流带来的影响 / 064

3.2 基于无人驾驶的智慧交通管理模式 / 066
3.2.1 自由出行与共享模式的深度融合 / 066
3.2.2 无人驾驶出租车与自由出行模式 / 068
3.2.3 基于车路一体化的智慧交通管理 / 070
3.2.4 世界各国对智慧交通的政策 / 072

3.3 无人驾驶从概念到落地的关键因素 / 074
3.3.1 安全：无人驾驶发展的必然归宿 / 074
3.3.2 性能：真正实现无人驾驶的落地 / 077
3.3.3 体验：满足用户的生活娱乐需求 / 078

第 4 章 无人驾驶技术在城市轨道交通中的应用

4.1 无人驾驶技术在城市轨道交通领域的应用 / 082
4.1.1 无人驾驶在城市轨道交通中的应用概况 / 082
4.1.2 城市轨道交通无人驾驶系统的功能特点 / 083
4.1.3 无人驾驶对城市轨道交通的要求 / 084
4.1.4 无人驾驶在城市轨道交通中的应用难点 / 085
4.1.5 基于无人驾驶的城市轨道交通解决方案 / 086

4.2 城市轨道交通的无人驾驶系统 / 090
4.2.1 无人驾驶地铁综述 / 090
4.2.2 发展无人驾驶地铁的必要性 / 092
4.2.3 无人驾驶地铁的技术与规则 / 093

第 5 章 无人机在智慧交通管理中的实践应用

5.1 无人机在智慧交通管理系统中的应用 / 097
5.1.1 无人机时代的智慧交通管理系统 / 097
5.1.2 无人机在交通管理中的应用领域 / 099
5.1.3 无人机在交通管理中的应用优势及技术支持 / 101
5.1.4 无人机的空中交通监视系统 / 103

5.2 无人机交通管理系统落地的关键因素 / 106
5.2.1 政策因素：推动行业规范化发展 / 106
5.2.2 安全因素：提高交通管理安全性 / 107
5.2.3 技术因素：构建完善的基础设施 / 108
5.2.4 需求因素：促进行业可持续发展 / 110

5.2.5 市场因素：实现无人机的产业化 / 112

5.3 无人机在公路勘测领域的应用与发展 / 114
5.3.1 无人机在高速公路勘察中的优势 / 114
5.3.2 无人机摄影测量系统的组成部分 / 115
5.3.3 无人机在高速公路勘测中的应用 / 117

第 6 章 无人船：建设海运强国战略的必然选择

6.1 无人船：重构全球航运市场格局 / 121
6.1.1 无人船：引领航运业的未来 / 121
6.1.2 新变革：无人船的发展优势 / 123
6.1.3 新技术：无人船的关键技术 / 125
6.1.4 新格局：改变船舶的设计与运营 / 126
6.1.5 新趋势：无人船助力智慧航运发展 / 127

6.2 世界各国在无人船领域的研发应用 / 130
6.2.1 智能航运系统 / 130
6.2.2 欧美在无人船领域的研发与应用 / 133
6.2.3 我国在无人船领域的研发与应用 / 134
6.2.4 案例：Rolls-Royce 的无人船项目 / 136

6.3 我国打造智慧航运强国的策略与路径 / 138
6.3.1 路径1：提高信息传输的安全性 / 138
6.3.2 路径2：提升动力装置的稳定性 / 139
6.3.3 路径3：增强远程操纵的可靠性 / 140
6.3.4 路径4：发挥航海保障服务功能 / 141
6.3.5 路径5：健全海事法律法规体系 / 145

第 7 章 自动化技术在港口码头的应用现状与实践

7.1 港口电气自动化发展现状与策略 / 149
7.1.1 我国港口电气自动化的发展现状 / 149
7.1.2 港口电气自动化的发展意义 / 150
7.1.3 电气自动化在港口中的实际应用 / 152
7.1.4 我国港口电气自动化的发展策略 / 153

7.2 港口电气自动化控制技术 / 156
7.2.1 港口电气自动化控制技术 / 156
7.2.2 基于信息化技术手段的智能港口 / 158
7.2.3 物联网环境下的港口作业全流程 / 159

7.3 智能自动化码头的发展现状与趋势 / 161
7.3.1 我国港口的发展现状与主要问题 / 161
7.3.2 自动化码头的概念、技术与功能 / 163
7.3.3 国外自动化码头发展现状与趋势 / 164

7.3.4 国内自动化码头发展现状与趋势 / 165

7.4 自动化集装箱码头堆场系统变革 / 167
7.4.1 传统集装箱码头堆场系统的局限 / 167
7.4.2 自动化集装箱码头堆场系统特点 / 169
7.4.3 自动化集装箱码头堆场系统变革 / 169

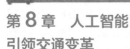

第8章 人工智能引领交通变革

8.1 人工智能+地上交通 / 175
8.1.1 无人驾驶汽车：当科幻电影场景成为现实 / 175
8.1.2 无人物流：物流智能化发展的必然趋势 / 180
8.1.3 不限速高速公路：应运而生的"超级高速公路" / 182
8.1.4 人工智能+斑马线：过马路更安全 / 184
8.1.5 智慧停车：全方位解决城市停车难问题 / 185

8.2 人工智能+天上交通 / 189
8.2.1 无人机：强大功能覆盖海陆空全面辅助交通管理 / 189
8.2.2 未来：现代航运要素与高新技术的深度融合 / 190

8.3 人工智能+水上交通 / 193
8.3.1 无人船：广阔前景，大有可为 / 193
8.3.2 无人码头：空无一人的"全自动化港口" / 195

8.4 人工智能+网上交通 / 198
8.4.1 人工智能治理交通：城市智慧交通大脑是如何运行的 / 198
8.4.2 网上治理：网约车的治理路径 / 200
8.4.3 车联网织就巨型交通信息交互网络 / 204
8.4.4 车联网助力城市交通管控：从组织到执法一条龙 / 205

8.5 问题与展望 / 207
8.5.1 问题：人工智能+交通目前存在的四个问题 / 207
8.5.2 展望：人工智能为交通运输带来的革命性变化 / 209

后记 关于推进我国智慧交通产业发展的政策建议 / 211

参考文献 / 216

第1章 人工智能：引领未来交通新路径

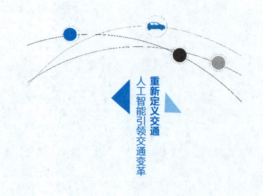

重新定义交通
人工智能引领交通变革

1.1 基于人工智能技术的智慧交通系统

1.1.1 人工智能的概念内涵与工作原理

近年来，交通优化逐渐成为城市建设的重点，智慧交通领域蕴藏着巨大的发展潜力。美国旧金山知名调查机构 Grand View Research 预测，到 2020 年时，智慧交通的市场份额将增加至 386.8 亿美元。在城市化建设不断加快的今天，汽车规模迅速扩大，许多城市都面临严重的交通拥堵问题，且交通事故频发，环境污染严重，增加了城市建设及发展的负担，在这种情况下，越来越多的地区开始打造智慧交通体系。

近两年来，人工智能产业呈现蓬勃发展之势，借助神经网络与深度学习技术，人工智能提高了自身的学习能力与理解能力。随着该领域的持续发展，人工智能将逐渐渗透到人们的日常生活中，提高人们的工作效率，并且对人们的思维方式产生影响。人工智能的应用能够加速社会经济的发展，促进整体的转型升级，在道路交通管理领域发挥越来越重要的作用。

◇ **概念内涵**

"人工智能"概念的提出要追溯到 20 世纪中期的美国，由 McCarthy 与参与 Dartmouth 大学学术会议的计算机科学家、信息学家、神经生理学家、信息学家等共同提出。现如今，人工智能已经拥有 60 多年的发展历史，涉及多个领域。通俗地讲，人工智能是在探索人类智能活动的基础上，运用智能技术创建人工系统，旨在将人的智力赋予计算机系统，用以代替传统的人工劳动。传统模式下只能靠人的智力完成的任务，在人工智能时代用计算机硬件及软件也能进行高效处理。

人工智能技术是20世纪70年代后全球三大尖端技术之一，也是21世纪世界三大尖端技术的组成部分。经过40年的探索，人工智能领域的发展取得了一系列突出成就，其应用范围也不断扩大。现如今，人工智能作为一门独立的学科已经得到了国际学术界的认可，逐渐形成了完善的理论及实践体系，将人类的思考、学习、规划、推测等智能行为赋予计算机，让计算机拥有部分人脑的功能，在信息处理过程中更好地体现计算机的价值。从根本上来说，人工智能是再现人类的思维过程，将人类智能转移到计算机上。

◇ 智能原理

智能感知、精确性计算与智能反馈是人工智能的核心部分，这三个环节依次展示了人工智能在感知、思考、行动维度的特性。

要想实现人工智能，首先要获取海量且丰富的结构化数据，对具体场景进行客观描写，让计算机能够完成信息收集任务；接下来要通过精确计算，对获取的数据资源进行分析，参照人类大脑的思维过程，让计算机能够独立学习，做出科学判断并制定合理决策；之后，要用媒介信息和肢体运动来表现前一步的决策结果，也可以通过外部设备向用户进行信息传达，促进用户与设备、设备与设备之间的信息交互，在这个过程中，人机交互界面的表达能力能够代表人工智能的发展程度。

在实现人工智能的过程中，要用到知识工程、专家系统、人脑仿生技术、机器学习算法，并依托智能控制技术模仿人类的控制行为。目前，百度、国际商用机器公司、谷歌等都对计算机深度学习技术进行了大范围的实践应用。这种技术是依托人工神经网络发展起来的，能够提高计算机对图像、语音的识别能力，优化计算机图形处理器的性能，逐渐形成规模化、完善的人工神经网络系统。与此同时，日益壮大的互联网业务意味着深度学习拥有海量的数据样本，应用该技术对数据信息进行挖掘与分析，能够有效提升图像识别技术的精准度。

1.1.2 人工智能重新定义智慧交通格局

人工智能虽然并非一个新概念，但在相当长的一段时间里，普通大众对它的认识仅停留在影视剧作品中，很多人认为它是一个虚无缥缈的事物，然而近几年，人工智能在多个行业的应用在世界范围内产生了广泛的话题讨论，尤其是世界围棋冠军和人工智能 AlphaGo 大战事件更是一度在公众中持续产生热议，人们对人工智能在生产、生活中的应用有了更高的期待。

从技术角度看，人工智能近两年表现异常活跃，在很大程度上是因为深度学习技术的发展，在深度学习技术的支持下，机器的智能化水平得到明显提升，应用深度学习算法的智能机器，可以完成一些此前我们人类根本无法完成的事情。

人工智能对人类经济社会具有强大的颠覆性能力已经成为业界共识，机器不再仅是冷冰冰的工具，通过人工智能赋能，它能够和人、系统及环境等进行交互，对各行业产生深远影响。通过智能机器提高工作效率与质量是相关从业者研究的重点方向。在颠覆性技术的强烈冲击下，各行业都需要做出相应调整，交通运输行业亦是如此。建设智慧交通、智慧城市是打造现代化城市的重要基础，而人工智能技术将为此提供强有力支持。

自动驾驶、智慧交通信号系统、最佳路线推荐等都是人工智能对智慧交通带来的积极影响。当然，想要让人工智能在智慧交通领域的作用得到充分发挥，应该将其与应用场景相结合，从浅层次的技术驱动过渡到深层次的场景驱动。和应用场景结合后，人工智能将会有力地推动产业模式创新，为创业者及企业提供广阔的变现空间。

事实上，人工智能并非仅是一种技术，它就像互联网一般，将给人类带来一种全新的思维模式，对产业结构优化、经济管理理念创新等，具有十分重要的价值。

党的十九大中特别强调，要建设交通强国。目前，在交通基础设施、交通服务供给者与消费者规模方面，我国是当之无愧的世界第一，但规模与体量大并不代表着水平高、实力强。人工智能在交通运输行业的应用，为我国完成从交通大国向交通强国的转变提供了一个新的思路。

同时，智慧交通离不开大数据支持，辅助驾驶、无人驾驶、路径规划等都是建立在对海量交通大数据进行搜集与分析的基础之上。通过数据分析，可以发现知识、找到规律，进而从中提炼智能，行业的发展水平将会实现快速提升。无论是发达国家还是发展中国家，信息化、数字化程度较高的行业发展水平明显具有优势。

人、车、路通过实时数据交换实现高效低成本交互，是智慧交通落地的重要基础。在人工智能行业应用过程中，很多企业会使用和"大脑"相关的词汇，比如，维基大脑、百度大脑、城市大脑等，不过，这些"大脑"目前并非真正建设完成，主要是完成了浅层的脑壳阶段，内部的"神经元"搭建及链接工作尚未完成，更不用说真正形成一个完善的生态协同系统了。

1.1.3 基于人工智能的智慧交通考量指标

在认识到人工智能蕴藏的巨大发展潜力之后，许多国家都为该领域的发展投入了更多的资金、资源支持。以美国为例，其人工智能产业发展的资金主要来源于公共投资。为了维持自身在世界先进制造技术领域的优势地位，2017财年美国在先进制造业投入了20亿美元，给由45家制造业创新研究所组成的国家网络提供支持，大力推进制造业的创新发展。此外，美国商用机器公司致力于开发新型的仿生芯片，将人脑的运算功能赋予计算机系统，如果该项目发展顺利，新产品到2019年就能研发成功。

欧盟出台"地平线2020"（Horizon 2020）研发及创新计划，给人工智能产业的发展提供公共投资支持，预计到2020年年底投入大约15亿欧元，并通过公私合作计划投入25亿欧元，目的是加强高精尖研究中心的建设，为中小企业的人工智能技术发展和应用提供支持，加快人工智能测试和试验的发展。

为加快人工智能产业的发展，我国于2016年4月出台《机器人产业发展规划（2016—2020年）》。进入2017年后"公共安全风险防控与应急技术装备"专项研发计划也在人工智能领域做出发展规划，开始注重相关技术的研发及应用，包括道路交通安全主动防控技术、主动防控型警用机器人关键技术等。

未来，人工智能将成为一种基础设施，而交通运输业本身就是一个大众广泛参与的领域，二者具有较高的契合性。服务于广大民众日常出行、社会资源高效流通的智慧交通必然要追求安全、便捷、绿色、高效。

人工智能在智慧交通行业的应用，可以被看作一个从IT（互联网技术）到OT（运营技术）再到ET（进化技术）的过程。最初，交通行业要投入大量资源实现信息化、数字化，为了挖掘数据价值，输出产品及服务，就需要进行OT化，形成一种标准化的运营流程与模式，最后再进行 ET 化，也就是智能化。

自动感知是智慧交通的基础性工作，要在不干扰出行者的基础上，实现对交通大数据的实时搜集，实现自动感知后，企业的价值创造空间将会得到极大拓展。具体而言，智慧交通的考量指标主要包括以下几点：

（1）安全。在安全方面，在人工智能系统的协调控制下，人、车、路将会进行实时交互，交通事故概率将会显著降低，而且无人驾驶时代来临后，酒驾、路怒症、闯红灯、疲劳驾驶等问题将得到根本解决。

（2）便捷。在便捷方面，现行交通系统缺乏系统性、协调性，不同交通方式未能发挥联动作用。以换乘为例，地铁站和公交站设置不合理，导致人们换乘需要付出较高的时间成本，而应用人工智能技术后，将通过对各类交通数据的整合与分析，对城市交通流量变化进行预测，帮助交通运输运营企业更好地设置公交及地铁站点，合理安排路线等，给人们的生产、生活带来诸多便利。

（3）高效。智慧交通系统可以实施整体性优化，通过"智慧交通大脑"协调各方资源，帮助人们制订更为科学合理的出行方案，提高交通路网承载能力及交通运行效率。

（4）以人为本。为人服务是智慧交通创造价值的根本途径，满足人民日益增长的美好生活需要是建设中国特色社会主义的必然选择，而交通作为一个高频刚需需求，会对人们的生活水平与质量产生直接影响。在智慧交通系统中，人的需求将会得到充分尊重，系统会从城市整个交通生态角度上配置资源，以人为本，实现人、车、路之间的高度和谐。

1.1.4 人工智能在智慧交通领域的应用

我们看到，智慧交通行业迅猛发展，与此同时，问题频出，为了保证行业健康发展，国家相关部门开展了一系列调研活动，计划发布一些利好政策。比如，国家发改委基础司对不停车收费系统、集装箱铁路水运联运信息化、北斗系统交通行业应用等领域进行调研，还开展了综合交通枢纽建设和智慧交通发展专题调研。这些调研活动表明智慧交通已引起政府部门的高度重视。

近年来，越来越多的交通卡口联网，汇集的车辆通行记录信息越来越多，相关部门可借助人工智能技术对城市交通流量进行实时分析，对红绿灯间隔进行有效调节，缩短车辆等待时间，让城市道路通行效率得以切实提升。

人工智能用于交通相当于给整个城市的交通系统安装了一个人工智能大脑。它能实时掌控城市道路上的车辆通行信息、小区的停车信息、停车场的车辆信息等，能提前对交通流量、停车位数量变化进行有效预测，对资源进行合理调配，对交通进行有效疏导，实现大规模的交通联动调度，提升整个城市的交通运行效率，缓解交通拥堵，保证居民出行顺畅。

◇ 车牌识别是人工智能应用最理想的领域

目前，车牌识别是人工智能在智慧交通领域最为理想的应用。据了解，车牌识别率可达到99%，前提是在标准卡口的视频条件下，并附加一些预设条件。如果在简单卡口与卡口图片条件下，车牌识别率不足90%。不过，未来随着人工智能、深度学习算法持续发展，这种情况能得到显著改变。

传统图像处理与机器学习算法的很多特征都是人为制定的，比如HOG（方向梯度直方图）、SIFT（尺度不变特征变换）等。在目标检测与特征匹配方面，这些特征占据着非常重要的地位，安防领域很多算法使用的特征都源于这两大特征。根据以往的经验，因为理论分析难度较大，且训练方法需要诸多技巧，所以人为设计特征与机器学习算法需要5~10年才能取得一次较大的突破，而且对算法工程师的要求越来越高。

深度学习则不同，利用深度学习进行图像检测与识别，无需人为设定特征，只需准备好充足的图像进行训练，不断迭代就能取得较好的结果。从目前的情况看，只要不断加入新数据，拥有充足的时间与资源，深度学习的网络层次就会持续增加，识别率就能不断提升。相较于传统方法来说，这种方法的使用效果要好很多。

除此之外，车辆颜色识别、无牌车检测、车辆检索、人脸识别、非机动车检测与分类等领域的技术也日趋成熟。

(1) 车辆颜色识别

过去，光照条件不同、相机硬件误差等因素会导致车辆颜色发生改变。现如今，在人工智能技术的辅助下，因图像颜色变化导致识别错误的问题得以有效解决，卡口车辆颜色的识别率达到了 85%，电警车辆主颜色的识别率超过了 80%。

（2）车辆厂商标志识别

过去，车辆厂商标志识别一般使用传统的方向梯度直方图（HOG）、局部二值模式（LBP）、尺度不变特征变换（SIFT）、加速鲁棒（SURF）等，借助基于支持向量机的机器学习技术开发一个多级联的分类器进行识别，错误率比较高。现如今，自引入大数据和深度学习技术之后，车辆厂商标志的识别率从 89% 提升到了 93%，甚至更高。

◇ 车辆检索

在车辆检索方面，在不同场景下，车辆图片会出现曝光过度或者曝光不足、车辆尺寸发生变化等现象。在此情况下，如果继续使用传统方法提取车辆特征会出现失误，导致车辆的检索率受到不良影响。引入深度学习之后，系统可获得比较稳定的车辆特征，更加精准地搜索到相似目标，部分设备的搜索率超过 95%。

在人脸识别方面，受光线、表情、姿态等因素的影响，人脸会发生一些变化。目前，很多应用都要求人脸识别的场景、姿态固定，引入深度学习算法之后，固定场景的人脸识别率可提高到 99%，且对光线、姿态等条件的要求也有所放松。

◇ 交通信号系统

传统的交通灯转换使用的都是默认时间，虽然这个时间每隔几年就会更新一次，但随着交通模式的不断发展，传统系统的适用时间越来越短。而引入人工智能的智慧交通信号系统则是用雷达传感器和摄像头监控交通流，然后利用人工智能算法确定转换时间，通过将人工智能与交通控制理论相融合对城市道路网中的交通流量进行合理优化。

◇ 警用机器人

未来，警用机器人或将取代交通警察，全天候、全方位地保证公路交通安全。

◇ 大数据分析

人工智能算法以城市民众的出行偏好、生活方式、消费习惯等因素为依据，对城市人流和车流的迁移、城市建设、公共资源等数据进行有效分析。分析结果可辅助城市规划决策，指导公共交通设施基础建设。

◇ 无人驾驶和汽车辅助驾驶

在人工智能领域，图像识别是一项非常重要的技术，该技术可对前方的车辆、行人、障碍物、道路、交通标识、信号灯等物体进行有效识别，有效提升人们的出行体验，重塑交通体系，使人们真正进入智慧交通时代。

公路交通安全防控体系涉及交通行为监测、交通安全研判、交通风险预警、交通违法执法等众多核心技术。目前，这些技术已和人工智能实现了有机融合，交通管理部门可以清晰地看到公路交通运行状态，发现车辆通行轨迹，抓住重点违法行为，消除安全隐患，快速响应路面协作联动，提升交通信息应用服务水平等。

1.2 人工智能在智慧交通控制中的应用

1.2.1 交通控制领域中的人工智能研究

交通控制，也叫"交通信号控制"是依靠交通控制设施根据路网交通流信息对交通信号进行设置管理，并参考当下的交通流状况，对配时方案进行持续性调整，提高交通控制的整体效率。从系统化的角度来分析，交通控制能够为交通管理部门提供科学、有效的配时方案。

从总体上来说，要想提高整个路口的交通效益，应该采取如下措施：

（1）利用数学模型实现对交叉口不同方向车辆的精准推测，按照最优化理论及运筹学知识调整交叉口的灯色转换时间。

（2）运用智能控制技术管理交叉口的交通运行。

◇ 人工智能在区域协调领域的应用

什么是区域协调？即由交通中心承担宏观调控任务，参考各个区域的交通流量情况，实现不同路口之间的协调互补，为交通流量繁重的路口分担压力，加快整个道路的通行速度。在区域协调中，要实现不同城市道路之间、城市道路与快速路之间的协作，不同路口之间必然相互影响，不可避免地会产生路口之间相互冲突的情况。这是在未来发展过程中要重点解决的问题。利用人工智能技术，路网协调控制可以在这方面发挥重要作用，基于分布式人工智能的 Agent 技术在交通控制领域的应用，就是这方面的典型代表。

Multi-Agent 是多个 Agent 组成的集合，这些 Agent 成员之间相互协调、相互服务，共同完成一个任务。城市交通网络智能决策系统依托 Multi-Agent，将交通网络系统理论、计算机应用与权威专家的知识经验融为一体。不同的 Agent 中存有不同的知识体系，方便应用者进行信息搜索与应用，且便于后续扩展与延伸。

智慧交通控制系统依托 Agent 创建数学模型的过程中，第一步要做的是用 Agent 代替交通控制系统的功能模块，按照不同 Agent 承担的功能，建设相对应的功能结构，促进各个 Agent 之间的协作运行，致力于完成整体的任务。

智慧交通控制系统由三个层次的控制结构组成，不同层次拥有不同的功能：

决策 Agent 位于组织层，即控制系统的最高层，掌握着宏观决策权，能够科学判断总体的交通运行情况，立体化地分析各方数据资源，据此制定规划与决策，促进不同区域控制系统之间的配合，目的是实现整体的最佳控制效果，优化交通控制。

区域协调 Agent 位于协调层控制系统的中间层，主要承担所属地区路口的交通监管及维护任务，如果有必要，区域协调 Agent 会对所辖区域内的路口模式实施强硬管理，并及时应对紧急事件，还能与其他 Agent 相互配合，实现信息共享。

路口 Agent、路段 Agent、车辆 Agent、交通灯 Agent 位于控制层，即控制系统的最底层，负责进行交通控制与管理。

其中，路口 Agent 能够获取当前路口与附近路段的数据。由于路口聚集了不同方向的交通流，且时常发生车辆分流、车辆拥堵等情况，使得路口 Agent 的价值表现得尤为突出，应用该控制系统，能够把该路口的交通信息提供给附近路口，同时可以遵循区域控制中心的指示来完成相关任务，并与其他区域控制中心相互形成协作关系。路段 Agent 能够快速获取不同路段的交通数据，利用传感技术对车辆的数量及其运行情况，以及该路段的整体交通秩序进行把控。

在具体运营过程中，交通系统与不同 Agent 之间相互作用、相互影响。交通系统的要求不同，Agent 的功能、组成方式、整个系统与各个 Agent 之间的作用方式也不同，应该根据实际情况进行设置。

1.2.2 仿真工具在交通控制领域的应用

使用仿真软件，能够对人工智能的效益进行科学评估。现阶段下，应用者可以利用 C 语言、Matlab 设计仿真程序进行评估，也可以选择专业交通仿真软件来评估。交通仿真工具能够生动地还原交通现场,高效方便。在这里对微观交通仿真软件 Paramics 进行重点分析,该软件被北京工业大学智慧交通中心采用,拥有众多优势功能。

Paramics 是一种并行微观仿真软件,由欧盟、爱丁堡并行计算中心、英国交通部研发,并设立了专门的研发项目。Quadstone 公司基于前三者的探索,联合英国工商部,将 Paramics 发展成商业化软件。借助于 Paramics,交通领域的研究者能够更好地了解、掌握当下的道路交通情况,并且能够进行深入的数据挖掘与分析。该软件能够以三维立体化形式呈现交通道路情况,同时向多用户开放其功能,还能连接到应用程序上。此外,Paramics 对于不同的路网具有强大的适应能力,可覆盖至 32 000 个区域,控制 400 万个路段、管理 100 万个节点。

Modeller、Processor、Analyser、Programmer、Monitor 五大工具支撑起 Paramics,占据关键性地位的是 Modeller,下面对这五大组成部分进行逐一分析。

(1) Modeller 的主导功能包括统计数据输出、交通路网建立以及三维交通仿真。这三个功能都可以通过图形方式展现给用户。实际交通路网的各个节点都被容纳到 Modeller 的功能中,具体如智慧交通信号控制、公共交通、环形交叉路口、城市路网建设及完善,以及各个类型的车道管理等。运用 Modeller,管理部门不仅能够了解单一车辆在实际交通环境中的运行情况,还能系统地掌握当下的交通情况。

(2) Processor 可以实现对数据信息的批量化处理,迅速给出统计结果。该软件也以图形方式向用户展示分析过程,在具体设置过程中,还能够选择输出数据、仿真参数等。在批量化处理模式下,路网及仿真车辆的位置数据会被忽略,这有效提高了仿真计算的效率。

(3) 用 Modeller 或 Processor 进行仿真计算得出分析结果后,需要通过 Analyser 进行结果输出。这种工具以图形用户界面的方式来展示多种数据结果,具体包括路段交通流量、交通密度、车辆行驶路线、车辆排队长度、管理服务情况等。在以图形方式进行结果输出的同时,该工具还能够输出数字化形式的统计结果,方便后续查询与应用。

(4) Programmer 工具对外开放 C++ 的应用程序接口,这种方式能够进一步拓展 Paramics 的功能。举例来说,Paramics 最初是根据英国的道路交通管理办法及车辆特性制定的,要想应用于英国之外的国家,就要设计相应的应用程序接口，使之符合当地的驾驶规则。通过使用 API 接口，Paramics 将拥有更加丰富的功能，能够根据不同地区的具体情况制定交通控制与管理办法。

（5）有专业人士基于 Programmer 研究出了 API 模块 Monitor，这个模块能够对交通路网中车辆尾气的排放情况进行精准的统计与计算，并以直观方式体现出来。

在智慧交通系统中应用 Paramics，能够发挥微观交通仿真技术的作用，灵活选择可变信息板、交通信号、可变速度控制标志等，在此基础上可对仿真车辆实施智能化调度。除此之外，利用 API 函数能够开发出更多针对特定区域及路段的控制模式，从而推出更具针对性的交通控制及管理策略。

1.2.3　车路协同在交通控制领域的应用

◇ 车路协同系统概述

CVIS（Cooperative Vehicle Infrastructure System，车路协同系统）是一种基于人工智能、信息处理、定位导航、无线通信、电子传感等众多技术来获取车辆和道路信息，实现车与车、车与道路之间的无缝对接，通过对实时交通数据的采集、分析，实现车辆主动安全控制及道路协同管理，充分发挥人、车、道路的协同联动作用，最终达到提高交通效率与安全性目标的道路交通系统。在智慧交通建设中，车路协同系统是一项重要组成部分。

◇ 车路协同系统的产生与发展

交通安全、通行效率及节能环保是交通领域的三大痛点，随着我国城镇化进程日渐加快，其负面影响愈发严重。这种背景下，为满足交通运输整体战略的需要，能够保证交通安全、提高交通效率且节能环保的车路协同系统应运而生。随着车路协同系统不断走向成熟，车辆与道路管理处于割裂状态的不利局面将被打破，车与车、车与道路将保持实时交互，充分利用现有交通资源，提高交通路网供给能力，有效减少交通事故的发生。

车路协同系统在我国的发展最早可以追溯到 2010 年 10 月，当时科技部推出了 863 计划"智能车路协同关键技术研究"课题项目，不久后，工信部立项并开展深入研究。2011年9月,清华大学等十家单位被赋予实施"智能车路协同关键技术研究"项目的使命,2014年2月,经过科技部验收后,该项目成功交付。

在车路协同系统发展初期,我国的相关研究主要集中在车路协同典型场景验证、交叉路口安全通行、交通环境检测、危险状况识别等领域。2015年12月,我国车路协同技术开始对接国际标准,车路协同系统的技术与应用都得到一定程度的拓展,比如,路口车速引导、以节能环保为目标的在途动态诱导、车队引导下的信号协同控制等。

2016年,我国智能汽车集成系统试验区建设取得初步成果,多个国家级智能汽车集成系统试验区开园,如,11月15日,位于重庆两江新区的智能汽车集成系统试验区 i-VISTA(Intelligent Vehicle Integrated Systems Test Area)正式开园。有了试验区的支持,我国车路协同系统研究从理论研究转变为现场检测与试验,比如,车路协同的辅助驾驶与自动驾驶、基于信号协同的公交先行、基于智能驾驶的多交通主体群决策与控制等,这为科技成果转化提供了强有力的支持。

◇ **车路协同系统中的关键技术**

车路协同系统是 ITS 领域的热点研究方向之一,对信息安全、状态感知、多模通信、数据融合与协同处理等诸多技术有较高依赖性,而这些技术相互交叉和作用成为车路协同系统的关键技术,如,智能通信、智能车辆关键技术、智能系统协同控制、智能路测系统关键技术等。

(1)智能通信。在智慧交通与车辆领域,移动通信技术是基础性技术,它是人、车辆及道路进行实时交互的核心所在。智能通信技术基于车车通信技术以及车路通信技术,实现了车辆高速行驶过程中的车车、车路实时高效的信息交互。

(2)智能车辆关键技术。智能车辆关键技术主要包括:借助在车辆上安装的定位系统、陀螺仪、电子罗盘及激光雷达车载单元等传感设备,实时搜集车辆位置、运行状态、行车环境等各类信息;借助在车辆上安装的电液制动系统、工业控制计算机等控制设备,智能化控制车载单元,以便及时规避追尾等交通事故。

(3)智能系统协同控制。智能系统协同控制可以被分为两大类,一类以效率为目的,另一类以安全为目的。其中,以效率为目的的智能系统协同控制包括：精准停车控制技术、动态协同专用车道技术、交叉口智能控制技术、集群诱导技术、交通控制与交通诱导协同优化技术等。另一类以安全为目的的智能系统协同控制包括：协作式驾驶辅助系统（C-DAS）、车路协同安全预警系统。

（4）智能路测系统关键技术。智能路测系统关键技术可实现多种功能，如多通道路面状态信息采集、多模无线数据传输、多通道交通信息采集、信息融合及突发异常事件快速识别与定位等。

1.2.4　人工智能在交通管理领域的应用

◇ 智慧交通系统

智能化道路交通管理系统在运行过程中把获取到的道路交通信息交给交通管理控制部门进行深度挖掘与分析，再将分析结果提供给包括居民、车主、停车场、物流企业等在内的用户，为他们的出行规划提供有效的参考数据。与此同时，交通管理部门可运用交通系统，及时处理紧急情况及交通事故；运输部门能够迅速了解车辆运行状况，据此优化自身管理及服务体系。

◇ 智慧交通信号系统

人工智能的应用能够有效缓解城市面临的交通拥堵问题。权威数据统计结果显示：在经济方面，每年美国因交通拥堵问题导致的经济损失高达1210亿美元；在环境方面，每年交通拥堵导致的二氧化碳排放量高达250亿千克，当汽车在市区处于运行状态时，由于城市未安装智慧交通信号系统，约40%的发动机是空转的。

针对这个问题，卡耐基梅隆大学教授斯蒂芬·史密斯推出了智慧交通信号系统，用以优化城市道路交通管理。测试结果显示，该系统的应用能够提高城市交通管理的效率，大幅减少发动机空转的时间。

具体而言，智慧交通信号系统的应用，能够提高城市交通道路的承受能力，避免相关部门不断进行道路拓宽与改建，从而降低成本消耗；能够对当前的路况进行准确的监控与感知，根据先进的人工智能算法自动调整灯色转换时间。该系统利用分散方式对交通网络的运营情况进行精准掌控，这与商业自适应交通控制系统之间存在明显的区别。具体而言，各个交叉点根据当下的车流决定灯色转换时间，并将数据提供给临近的交叉口，方便它们预知未来的入站车辆数。采用这种模式的交通信号系统能够更好地适应实际交通状况，并与邻近交叉口相互配合，优化整体的道路交通管理。

该系统推出后不久，便在匹兹堡车流较大的 East Liberty 街区进行了初步应用，并在后期不断拓宽应用范围，旨在实现全面覆盖，通过调控交通信号系统，对通行汽车实施高效的管理与调度。

◇ 警用机器人

随着人工智能在道路交通管理领域的普遍应用，交通警察的工作将由警用机器人来承担，这种机器系统能够 24 小时进行道路巡逻并实施全方位的监管，从而提高公安交通管理部门的工作效率。

◇ 公路交通安全防控体系

运用公路交通安全防控体系，相关部门能够及时了解各个路段的车辆通行情况，对交通违法情况进行监管，并迅速进行处理，恢复正常的交通秩序，从整体上提高自身的管控能力，提高勤务管理的效率，对交通违法行为进行修正，使整个城市道路系统保持畅通，降低重大交通事故发生的概率，提高城市交通的安全性。

交通行为监测技术、交通安全研判技术、交通风险预警技术、交通违法执法技术是道路交通安全防控体系的主要组成部分，如今，人工智能已经实现了与这四大核心技术的结合发展。人工智能技术在道路交通领域的应用，能够让管理部门更好地掌握交通运行状态、车辆通行轨迹，在及时处理违法行为的同时，避免隐患事件的发生，促进相关部门之间的协同合作，优化交通管理服务。

在全国公安交通管理部门主抓城市畅通和公路安全问题的当下，人工智能技术在道路交通管理中的应用，能够提高交通管理部门的工作效率，推动公安交通管理事业的发展。

1.3 人工智能在无人物流领域中的应用

1.3.1 人工智能在物流领域的场景应用与展望

近年来,在科技发展的驱动作用下,人工智能在市场上迅速崛起,不少物流公司积极展开探索,试图通过人工智能技术加快城市配送的运转,借助先进技术手段实现车辆资源的优化配置,从而提升用户的整体消费体验。

◇ **人工智能在物流领域中的应用方向**

(1) 智能运营规则管理:运用机器学习算法,赋予运营规则引擎自学习能力,使其在业务识别的基础上进行决策制定。比如,借助人工智能技术,商家能够以商品品类为标准对订单进行智能化处理,决定订单生产方式、确定运费等,还能及时应对突发情况。

(2) 仓库选址:利用人工智能技术,企业能够综合考虑多种因素,包括供应商所在地、税收制度、劳动力可获得性、运输成本、建筑成本、消费者因素等,制订最佳选址方案。

(3) 决策辅助:通过机器学习技术,对一定范围内的物流设备、车、人进行智能化识别,并吸取人工管理与操作的丰富经验,辅助管理人员进行决策,提高决策自主性。

(4) 图像识别:在手写运单机器运作过程中,发挥卷积神经网、智能化图像识别技术的作用,提高识别精准度,有效减少人工误差。

(5) 智能调度:依据商品体积、商品数量等数据信息,在包装、车辆安排等环节实现智能调度,加快这些环节的运转。比如,对各类商品的体积与包装标准进行测算,借助智能化技术手段,合理安排商品打包,匹配对应的箱型,并优化商品摆放。

现如今，物联网与大数据的发展进入相对成熟的时期，在电商领域的应用也卓有成效，相较之下，人工智能还处于早期发展阶段，拥有广阔的市场前景，将吸引众多企业的目光。在具体应用过程中，物联网与大数据技术相互配合，物联网为大数据分析提供了海量的数据信息，大数据分析技术则能够对数据资源进行高效的处理，人工智能的应用能够进一步实现数据价值的深度挖掘与应用。企业在向智慧物流发展的过程中，要充分发挥这三大技术的驱动作用。

◇ **未来，人工智能与物流的结合将走到怎样的程度呢？**

（1）智能硬件革新物流生产要素。将智能硬件设备应用到物流生产环节，以智能化、自动化方式代替传统的人工劳作来完成商品的分拣工作，在物流运作过程中应用机械臂、无人机、智能感知技术、机器人等智能硬件设备，并逐步扩大其应用范围。

（2）智能计算优化物流运作流程。企业打造的智慧物流云平台在这方面发挥的作用尤为突出，利用这个平台，企业能够提高物流管理的智能化与现代化水平。在物流运作及管理过程中运用物流技术、人工智能技术，可加速供应链系统中的信息传递，促进各个环节之间的合作，合理安排货物存储及配送，充分发掘产业链的价值。

（3）建立完善的物流生态系统。依托人工智能，物流行业将逐步过渡到多式联运高效运输。综合运用大数据、物联网、云计算、人工智能技术手段，可将公路、铁路、航空运输结合起来，形成多式联运。建立完善的公路网络、铁路网络、水运网络、航空网络与物流园区，并扩大其覆盖范围，借助大数据、物联网、云计算、人工智能技术，建立完善的物流生态系统，满足企业在物流运输、货品存储、商品配送等各个方面的需求，并推出系统化的解决方案，为社会经济的发展做出贡献。

1.3.2 人工智能在即时配送领域的应用

大数据、人工智能、智能定位等先进技术手段在物流行业中的应用，促进了即时配送的发展。物流企业要想在整个领域中取得成就，就要对即时配送市场进行深度开发，根据消费者的需求，准确感知市场的变化并采取有效的应对措施。现阶段下，即时配送市场的发展呈现如下态势：行业用户规模逐步增加，用户规模增长速度下降，订单增长速度下降，平台配送效率无法对接用户的需求，用户倾向于选择无人配送服务。身处这种市场环境下的物流企业需要了解自身的发展情况，积极应对挑战，并抓住发展机遇。

近两年，即时配送市场的竞争日趋激烈。该行业相关标准的推出与实施，提高了市场发展的规范化程度。不过，即时配送市场对入局者的要求并不高，该领域吸引了众多创业者的加入，他们通过使用具备功能优势、成本优势的软件进行市场开发与价值挖掘。在配送系统技术快速发展的今天，以美团、饿了么为代表的配送平台推出智能调度系统，并实现了相关技术的落地。不少创业者在即时配送领域展开探索，逐步扩大业务规模，丰富业务形式，凭借高效的执行力与完善的管理系统，迅速发展起来，成长为当地的生活服务企业，以专业化服务占据市场优势。

需求因素促使越来越多的企业在即时配送领域布局，因此企业面临着激烈的市场竞争。在这种情况下，消费者对即时配送提出了新的要求，促进了行业的发展与升级。那么，即时配送后续的发展走向究竟如何呢？

（1）先进技术促进行业发展。传统模式下，即时配送的速度是客户关注的重点，现如今，人们在选择过程中更加注重质量因素。即时配送平台利用大数据、人工智能、移动互联网等技术手段不断扩大服务范围，涵盖了快递、家政、生鲜等多个领域，在缩短配送时间的同时，也更加注重完善自身的服务体系。

（2）新零售增加即时配送的需求。随着新零售的发展，人们对即时配送的需求量会持续增加。在移动互联网、物联网普遍应用的基础上，短距离物流配送将延伸到人们的日常生活中，促进即时配送的发展，并拓宽其业务范围，与此同时，消费者将更加注重配送服务的人性化。

（3）即时配送平台依靠稳定的订单量获取利润。以往，即时配送行业依靠大规模投资获得发展，但这种经营理念在今天已经发生了变化。现阶段下，很多平台获取的配送费用仍然无法抵消其成本消耗，平台要想获得持续性的发展，必须强化成本控制并提高运营效益。即时配送平台的盈利模式通常比较单一，为了应对激烈的市场竞争，需要通过稳定的订单量获取收益并维持自身的长期发展。

（4）在中期发展阶段以人机交互为主导方向。现如今，包括美团、饿了么在内的企业都计划在无人配送、人工智能应用方面进行重点布局，有些企业已经在机器人配送、无人机配送领域展开探索，后期有可能以无人方式代替人工配送，但在具体实施过程中还是要考虑实际的场景，在中期发展阶段仍以人机交互为主导方向。

随着发展，即时配送的市场开发空间逐渐缩小，只有分析即时配送的未来发展趋势，才能把握住市场机遇，在激烈的竞争中掌握更多的话语权。此外，企业还应该采取有效措施来实现成本控制，并在发展过程中扩大自身的利润空间。

1.3.3 无人技术在智慧物流领域的应用

◇ 仓储机器人

无人化在智慧物流中占据着主导地位，其应用促进了机器人行业的快速发展。提及机器人，很多人在脑海中会浮现出人形机器人，但事实上，工业机器人的应用范围更广。传统制造业采用的工业机器人能够实现简单的拟人操作，相较之下，智能机器人借助视觉识别、机械控制等技术，能够完成更高难度的自动化操作任务。

物流运作过程中的货品分拣、商品包装、运输及末端配送，都可引进无人技术。其中，仓储机器人可能比其他领域机器人的应用时间更早一些。用机器人代替人工操作，既能够减少人力成本消耗，加快物流运转，又能提高操作精准度，帮助企业提高物流服务的水平，增加总体运营效益。

现如今，物流仓储对机器人的应用越来越普遍。Tractica 预测，2021 年全球仓储和物流机器人市场将达到 224 亿美元的规模，中国与美国在其中占据着大部分市场份额，且呈现快速发展趋势。近年来，国内智慧物流市场蓬勃发展，在此市场形势下，我国仓储机器人市场的发展可能领先于其他国家。

◇ 自动驾驶汽车

从本质上来说，移动的四轮机器人即为自动驾驶汽车。物流企业会将自动驾驶汽车应用于商品运输与配送环节中，通过代替驾驶人操作来降低人力成本，并利用云端调度来加速货品运输、提高安全性。无人驾驶快递车将被应用到终端物流配送环节，在这方面，Skype 的创始人为了制订终端配送解决方案建立了专业公司，并研发出无人驾驶汽车，只需 20 分钟就能完成 5 千米范围内的商品配送任务。

对自动驾驶汽车行业的发展进行分析可知，人们接受无人驾驶汽车需要一个长期的过程，其应用也受限于交通法律的规定。立足于行业层面来看，垂直领域会率先开展对自动驾驶汽车的应用。目前，特定场景与无人送货是自动驾驶汽车应用前景广阔的两个垂直领域，机场、园区的通勤车就是自动驾驶汽车在特定场景中的应用。

◇ 无人机

无人机并非是近两年才发展起来的，大疆已经在这个领域中取得了显著的成绩。但以大疆为代表的布局者，均聚焦于航拍无人机的开发与应用，对其他领域的涉足并不多。虽然出现了很多无人机送货的报道，但大部分都未实现真正落地。无人机比较适用于偏远地区的商品配送，因为这类区域的人口分布密度较低，障碍物比较少，即便无人机发生故障坠落，也不会造成严重的损失，可代替传统送货方式来降低送货成本。

现如今，包括顺丰、京东在内的实力型物流企业都积极发展无人机配送服务。顺丰推出"三段式空运网"模式，将空中运力划分成不同的层级，并投入了大量资金进行项目开发，致力于建设完善的物流运输网络，将国家干线、城市干线与偏远地区都包含在内，争取在 36 小时内完成国内各地的商品配送。为了推行无人机送货，京东建立了全域无人系统运营总部，并通过了多个地区的无人机飞行申请，逐步拓宽无人机技术在配送环节的应用范围。

◇ 自动化物流设备

为了加速物流运转，机器人技术将被广泛应用到搬运系统中，并在运输或其他环节引进大型自动化物流设备,用于识别商品种类,并将其运送到对应的货品分拣区域,也可以在商品区域使用相关设备用于装载商品。

比如,菜鸟网络仓库引进奥地利 KNAPP 公司的自动化系统,在仓库内各个区域放置了物流传送带设备,用于向商品区运送商品,实现不同区域之间的商品输送,菜鸟网络用于该项目的投资达 1 亿元。除了菜鸟网络之外,许多物流企业都在仓库中引进此类自动化设备,未来,国内智慧物流服务企业能够借助先进的技术手段,制造出更适合我国国情的自动化物流设备,进一步提高物流行业在仓储环节的智能化运作水平。

随着自动化、无人化、智能化技术在物流行业中的应用,该领域的各个环节都会发生变革,并带动无人机、无人驾驶汽车、机器人等相关行业的发展,催生实力型企业。

1.4 无车承运人：降本增效的新型物流

1.4.1 无车承运人的概念、形成与现状

2016年9月，交通运输部印发了《关于推进改革试点加快无车承运物流创新发展的意见》，提出从2016年10月开始在全国推行道路货运无车承运人试点工作，以适应供给侧改革浪潮，实现降本增效。但这种新型物流模式的发展并不是一帆风顺的，遇到了很多困难和挫折。下面我们从多个角度对无车承运人这种物流模式进行分析。

◇ 何为无车承运人

无车承运人的设想来源于美国的Track Broker（货车经纪人），是由无船承运人延伸而来的。无车承运人指的是本身没有车辆但从事货物运输的单位和个人，其身份具有双重性，对于托运人来说，他们是承运人；对于承运人来说，他们是托运人。一般情况下，无车承运人不会真正地承担货物运输工作，而是负责组织运输，对货物进行分拨，选择运输方式和线路等，其收入主要来源于规模化批发运输产生的运费差价。

◇ 无车承运人的形成与现状

我国推出无车承运人试点的原因有三：

（1）我国的物流成本过高，物流费用在GDP中所占比重一直在15%左右徘徊，而在欧美等发达国家，物流成本在GDP中的占比只有8%左右，导致这一问题产生的主要原因就是我国第三方物流企业没有形成规模。

（2）我国税法规定，只有拥有运载工具才能开展物流业务，导致多式联运

体系迟迟无法成熟。在这种情况下，无车承运人、无船承运人的出现使跨行业全供应链运营有了实现的可能。

（3）互联网企业对商业渠道的整合给"互联网+"高效物流的实现提供了诸多可能。

无车承运人这种物流模式被提出后，经过几年时间的发展，逐渐在物流运输组织领域占据了主体地位。在物流运输资源整合、物流运作效率提升方面发挥了重要作用。在发达国家的现代物流体系中，无车承运人是核心，也是推动多式联运发展的主要力量。

但目前，我国物流运输行业的各项法律法规仍是以有车承运为基础建立起来的，与无车承运模式存在一定的冲突。一方面，在这种法律法规下，无车承运人难以获得经营资格；另一方面，在税收、异地设点方面，无车承运人也面临着很多困难。

再加上，在无车承运方面，政府还没有建立起完善的市场监管手段，导致市场运营比较混乱。在实际运营过程中，为了获得运输资质，运输企业不得不购买少量车辆或者租赁一些车辆，但其80%以上的运输业务都是外包出去的，于是就形成了有车承运和无车承运混合经营的特殊局面。

1.4.2 无车承运人模式的四大优势分析

罗宾逊公司

罗宾逊公司（C. H. ROBINSON）是美国第一大货车运输公司，也是全球最大的无车承运人，全球有超过218家分公司，遍布美国、加拿大、墨西哥及亚欧很多国家。罗宾逊公司为5万家货主企业服务，整合了100万辆货车，每年承接订单1500万单，市值接近150亿美元，在美国物流市场所占份额达到了30%。

罗宾逊公司是一家非资产物流供应商，没有运输工具和其他固定资产，最有价值的就是遍布全球的信息网络和店铺、丰富的客户资源、先进的管理经验。罗宾逊公司正是借此对社会物流资源进行整合，为客户提供一体化的物流运输服务。

案例 2

笨鸟：以无车承运人为纽带

车运"笨鸟"网络的终极目标是构建一个以无车承运人为纽带的公路货运数据交易平台，平台规模要达到国内第一。车运"笨鸟"网络有三大投资方，分别是中国国际海运网、货运代理企业、国内外投资人。"笨鸟"认为如果以货运代理公司为无车承运人，通过遍布全国的货运代理公司可以形成覆盖全国的货物运输车辆大数据。以这个大数据为支撑可顺利构建车运交易云平台，为国内公路货物运输企业提供最优的物流解决方案。

通过对上述案例进行分析可知，无车承运人具有以下优势。

◇ 拥有先进的物流信息技术

通过罗宾逊公司和车运"笨鸟"网络的案例可以发现：无车承运人必须拥有先进的物流信息技术和发达的信息网络，以实时掌握货源信息，了解当地的货源类型及运力情况，实现实体网络与虚拟网络的连接。

◇ 拥有丰富的物流管理经验与资源

这一点在罗宾逊公司中体现得最为明显。罗宾逊公司的经营范围非常广，遍布美洲、欧洲、亚洲200多个国家和地区，在一个世纪的发展过程中积累了丰富的资源与管理经验，实现了知识密集、技术密集的完美融合。在知识驱动型发展模式下，罗宾逊公司形成了先进的发展理念与管理模式，为其成为最优秀的现代物流企业奠定了扎实的基础。

◇ 拥有敏捷的市场反应能力

"笨鸟"大数据说明无车承运人要拥有敏捷的市场反应能力，能在最短时间内对市场变化做出响应。有车承运人实行重资产运营，必须在运输环节投入大量精力，无暇他顾；无车承运人实行轻资产运营，主要关注市场上的运力情况、货源信息，对市场资源进行组织调配等。拥有大数据之后就可以对市场情况做出全面掌控，对市场变化进行实时监控，从而在最短的时间内对市场变化做出反应。

◇ 拥有集约整合社会物流资源的能力

罗宾逊公司为5万家企业提供物流运输服务，整合了市场上100万辆货车，这说明无车承运人必须具有强大的整合能力，对散布在各处的物流资源进行整合，满足客户对一体化物流运输服务的需求。

1.4.3 我国发展无车承运人的对策建议

无车承运人需要有强大的资金实力、信息收集能力和管理能力。

（1）资本瓶颈。企业如果没有雄厚的资金实力，就贸然进入无车承运人市场，为填补资本空缺势必要从银行贷款，支付巨额的贷款利息，难以在短期内获得理想收益。

（2）在信息大爆炸时代，企业掌握了信息就掌握了主动权。阿里集团投入巨额资金成立菜鸟网络的根本目的就是为了控制信息流，获取更多物流信息。由此可见，信息收集需要企业投入大量资金。

（3）管理能力的积累需要不断地对管理人员进行培训，整个过程需要投入大量人力、物力，而且耗时长、收益慢。此外，还有一种方法就是与大型互联网平台合作，比如路歌这种积累了丰富运力资源、技术、管理运作经验的平台，立志为传统物流企业搭建无车承运支撑平台，所以想要发展无车承运业务的企业完全可以和这类平台合作。

无车承运人的身份具有双重性，对于货主来说他们是承运人，对于运力端来说他们是托运人。传统车货匹配只提供配货服务，而无车承运人不仅提升了物流配送效率，还降低了成本。现如今，无车承运人逐渐成为运输市场中组织运输的核心力量，承担着整合物流运输资源、提升物流运输效率的重任。

从某方面来讲，无车承运人真正参与到了运输过程中，使货主、货车驾驶人都享受到了高价值的平台服务，使整个物流领域受益无穷。现阶段，我国无车承运人在发展方面面临着重重困难，这些困难的解决需要从外部环境、公司运营、内部因素三个方面着手，只有解决了这些困难，无车承运人才能实现稳定可持续发展。

第2章
无人驾驶：正在横扫全球的交通革命

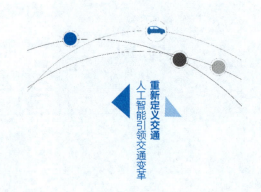

重新定义交通
人工智能引领交通变革

2.1 无人驾驶的技术起源、发展与应用

2.1.1 无人驾驶开启智慧交通新时代

在蓬勃发展的科学技术的推动作用下,无人驾驶汽车技术在社会研究领域中的地位逐步提高。无人驾驶汽车依托环境感知技术,可以感知汽车周边的环境,对捕捉到的环境信息进行处理,利用计算机信息技术来控制、调节汽车的驾驶速度与行驶方向,保证车辆能够在道路上正常行驶,按照原定计划抵达目的地。

无人驾驶汽车领域在发展的过程中,致力于将精密度更高的信息技术应用到汽车上,进而推动人车交互的发展,提高这种方式的效率,降低其操作的复杂度。无人驾驶不仅能够提高汽车运行的效率,降低交通事故发生的概率,还能为那些未掌握汽车驾驶技术的人提供出行服务。

◇ **无人驾驶技术的发展概况**

长期来看,自主驾驶是汽车发展的主流趋势,而无人驾驶是自主驾驶的一种具体体现,是智慧交通的重要组成部分。广义上,无人驾驶汽车可以看作一种基于互联网环境,通过对计算机技术、网络通信技术、智能控制技术等的融合应用,实现自主驾驶的汽车,是一种特殊的移动智能机器人,这也是为何很多业内人士将其称为自动轮式移动机器人的原因所在。

无人驾驶汽车可以利用车载传感器实现对周边环境的自动感知,掌握实时路况信息,通过以智能计算机系统为核心的智能驾驶装置,使汽车在无人干预的情况下行驶到目的地。在行驶过程中,无人驾驶汽车可以利用系统配备的安全控制功能,应对各种突发状况,保障行车安全。

◇ 无人驾驶技术的应用方向

1. 高速公路环境下的无人驾驶系统

高速公路建有完善的道路标志，在这种结构化环境中应用的无人驾驶系统，需承担跟踪道路标志线和自动识别车辆的职能。对于这种高度标准化环境中的高速自动驾驶，无人驾驶系统致力于达到全自动驾驶的水平。虽然此类应用很难适用于其他环境，但高速公路驾驶的危险性比较高，也比较枯燥，如果能够实现全自动驾驶，则能够充分体现出无人驾驶技术的应用价值。

2. 城市环境下的无人驾驶系统

相较于高速公路驾驶，城市中的无人驾驶对汽车速度的要求较低，安全性要求更高一些，因而具有广阔的发展前景。在现阶段下，无人驾驶系统能够分担城市大容量公共交通的压力，缓解城市区域交通紧张的情况。具体应用场景包括机场、工业园、公园、校园或其他公共场所。

3. 特殊环境下的无人驾驶系统

部分国家掌握了较为先进的无人驾驶汽车技术，始终致力于将无人驾驶技术应用于军事与其他特殊环境中。在这些领域中的无人驾驶技术与高速公路及城市环境下的应用存在共性，但在技术性能的针对性方面存在区别。

◇ 无人驾驶技术的发展瓶颈

无人驾驶汽车大多处于测试阶段，想要其参与到复杂的真实交通环境中还有很长的一段路要走，其发展瓶颈是多方面的，比如法律法规、技术限制、数据安全、伦理道德等。在未来一段时间内，无人驾驶汽车是无法像人类一般思考与决策的，例如，保护车辆及内部乘客的安全是无人驾驶汽车的首要任务，在人工驾驶状态下，当不危及生命时，大部分驾驶员会为了保障他人的生命安全而牺牲自身的一定利益。当前方路面有闯红灯的行人，左边是同向行驶的其他车辆，右边是路障，在这种情况下，很多驾驶人会宁愿右转撞向路障，虽然修车要付出一定成本，但不会威胁他人生命。而当行人有闯红灯行为时，无人驾驶汽车可能会判断前方阻力最小，从而直接撞向行人。

无人驾驶技术的发展之路是崎岖的，这不仅需要政府、高校、科研机构的深入布局,更需要广大创业者与企业的积极参与,用市场的强大力量加快其发展进程,让具有颠覆性的无人驾驶技术与智慧交通能够真正造福亿万民众。

◇ **无人驾驶技术的未来展望**

无人驾驶依托先进的技术手段,有效提高了驾驶操作的安全性、精准度,降低了汽车驾驶发生交通安全事故的概率。伴随着技术的进一步发展与成熟,无人驾驶在乘用车和商用车领域的应用范围也将不断拓宽,将在全球范围内掀起革命浪潮。

无人驾驶能够带动整个汽车领域的发展,能够服务于人们的日常生活和工作,节省人们更多的时间与精力,进而提高人们的生活质量。

举例来说,如果在高速公路上行驶的车辆能够实现无人驾驶,就能够给驾驶人争取更多的时间用于同其他人进行互动,如将自己当前所处的位置、预计到达目的地的时间通知对方;若用于物流行业,则能够提升物流中心的配送效率,加速整个体系的运转;还能够有效为驾驶人争取更多的休息时间,避免驾驶人出现疲劳驾驶的情况,降低交通事故发生的概率,避免危及人们的生命与财产安全。

2.1.2 无人驾驶技术的四个发展阶段

为适应汽车主动安全技术的爆发式增长,美国国家公路交通安全管理局(NHTSA)在2013年发布了汽车自动化的五级标准,将汽车的自动驾驶功能划分成了0~4级5个等级。

◇ **0级: 无自动化**

0级代表汽车没有任何自动驾驶功能,驾驶人全权掌控着汽车所有的功能。在驾驶汽车的过程中,驾驶人要负责车辆起动、制动、操作,以及对周边的道路情况进行观察。只要人控制汽车,无论汽车增添了什么辅助驾驶技术,都属于0级。因此,虽然普通汽车配备了前向碰撞预警、车道偏离预警、自动刮水器控制、自动前灯控制等功能,但只有人操控才能行驶,所以仍属于0级。

◇ 1级：单一功能自动化

1级代表驾驶人要对行车安全负责，但驾驶人可以放弃部分控制权，将其交由系统管理。在这个阶段，有些功能已经实现了自动化，比如常见的自适应巡航、应急制动辅助、车道保持等。1级只有单一的功能实现了自动化，在行车过程中，驾驶人依然要对车辆进行操控，不能完全放任不管。

◇ 2级：部分自动化

在2级阶段，驾驶人可以和汽车共享控制权。在某些预设的环境下，驾驶人无须操控，汽车可以自动行驶，但驾驶人要随时待命，对驾驶安全负责，随时准备驾驶车辆。在此阶段，汽车部分自动化的关键不是要有两种以上的功能，而是驾驶人不再是汽车的主要操作者。比如，ACC（自适应巡航控制）和LKS（车道保持系统）相结合形成的跟车功能、特斯拉推送的Autopilot功能都属于2级功能。

◇ 3级：有条件自动化

在此阶段，汽车可在有限的情况下进行自动控制，比如在高速路段或人流较少的路段进行自动驾驶，如果遇到紧急情况，驾驶人有足够的时间接管汽车，保证行车安全。在此阶段，驾驶人将在最大程度上得以解放，无须再为行车安全负责，不用在行车过程中时时监看道路状况。

◇ 4级：完全自动化（无人驾驶）

在此阶段，只要提前输入起点与终点信息，汽车就能在无人协助的情况下向目的地行驶。在整个过程中，汽车将全程为行驶安全负责，对驾驶人的依赖降到了最低，车辆行驶时可以没有人乘坐。

除NHTSA外，美国机动工程师协会（SAE）也对自动驾驶做了分级，将自动驾驶技术划分成了0~5级6个级别，其中0~3级与NHTSA对自动驾驶的定义一致，分别强调无自动化、驾驶支持、部分自动化、有条件自动化。至于完全自动化，SAE对其做了细分，对行车道路及环境的要求做了进一步强调。

根据SAE对自动驾驶4级的规定，在此阶段，汽车只能在特定的道路条件下实现自动驾驶,比如封闭的园区、固定的行车路线等。换句话说,这个阶段的自动驾驶就是面向特定情景的高度自动化驾驶。5级阶段则可在各种环境下进行完全自动驾驶,对复杂的车辆环境、人流环境、道路环境提出有效的应对之策。

综上,不同级别的自动驾驶其功能在逐层递增。高级驾驶辅助系统(ADAS)是最高级别的驾驶辅助系统,属于自动驾驶0~2级,见表2-1。

表2-1 逐层递增的自动驾驶功能

NHTSA	0级	1级	2级	3级	4级	
SAE	0级	1级	2级	3级	4级	5级
	无自动化	驾驶支持	部分自动化	有条件自动化	高度自动化	完全自动化
功能	夜视、行人检测、交通标志识别、盲点检测、并线辅助、后排路口交通警报、车道偏离警告	自适应巡航驾驶系统、自动紧急制动、停车辅助系统、前向碰撞预警系统、车身电子稳定系统	车道保持辅助系统	拥挤辅助驾驶	停车场自动泊车	—
特征	传感探测和决策警报	单一功能(以上之一)	组合功能(1级/2级组合)	特定条件、特定任务	特定条件、特定任务	全部条件、全部任务

相较于半自动驾驶汽车来说,全自动无人驾驶汽车的安全性更好,因为半自动驾驶汽车可能会发生人为错误,全自动无人驾驶汽车则不会。比如,弗吉尼亚理工大学交通学院的调查显示,3级自动驾驶车辆的驾驶人需要17秒的时间才能响应车辆的接管请求,如果车辆的行驶速度为65英里/时(104.6千米/时),17秒的时间车辆已驶出1 621英尺(1英尺=0.3米),也就是494米。

从看到路面物体到踩下制动踏板,人类驾驶人需要1.2秒的时间,比车载计算机所用的0.2秒要长很多。虽然二者之间只有1秒之差,但如果汽车以120千米/时的速度行驶,1.2秒内汽车能驶出40米,而0.2秒内汽车只能驶出6.7米。如果遇到突发情况,这1秒的时间差很有可能决定乘客的生死,所以,对于整个汽车行业来说,无人驾驶才是自动驾驶的终极发展目标。

2.1.3　无人驾驶技术的演变路径

无人驾驶是基于传统汽车制造技术，融合智能化、自动化、电动化、互联网等技术发展起来的一种综合性技术。无人驾驶车又被称为"自动驾驶车""轮式移动机器人"，通过车载传感系统对附近的道路环境进行感知，对行车路线进行合理规划，控制车辆向预定目标行进。无人驾驶车采用了自动控制、人工智能、体系结构、视觉计算等多项技术，是计算机科学、模式识别与智能控制技术发展到一定阶段的产物，现已被视为衡量一个国家科研实力与经济发展水平的重要指标，将来可广泛用于国防、国民经济等领域。

我国人口众多，交通问题非常严重，如果无人驾驶可全面推广，城市交通问题、环保问题、城市发展问题都将迎刃而解，产业制造水平将有效提升，人民生活将尽快改善。随着无人驾驶技术逐渐成熟，交通管理部门必须做好准备，推动无人驾驶技术与智慧交通实现融合发展。

近年来，国内外的高科技企业也好，传统汽车生产厂商也罢，都在无人驾驶领域积极布局，催生了很多产品，其中很多无人驾驶车都通过了道路实测，有的测试里程达数十万千米，为最终的商用量产奠定了基础。有人认为：智能网联车将成为最具发展潜力的行业。通过对各大汽车生产厂商及互联网企业发布的计划进行分析可以发现，2020年或将成为无人驾驶车商业化元年，此后，无人驾驶车的商业化应用将进入爆发增长阶段。

从整体看，无人驾驶有两条发展路径：一是高级驾驶辅助系统，二是人工智能。二者的最高形态一致，都是完全无人驾驶，也就是说，完全无人驾驶是自动化、智能化发展到最高阶段的结果。

未来，汽车产业必将向智能汽车方向不断发展，最终出现无人驾驶汽车。无人驾驶汽车肩负着减少交通事故、缓解交通拥堵、减轻环境污染的责任，但同时也存在安全驾驶、认可普及、法律伦理等多方面的问题。根据专家预测，预计到2020年，无人驾驶将成为现实；2030年，无人驾驶市场将达到870亿美元。

◇ 无人驾驶技术的应用

无人驾驶技术的应用要满足三大潜在需求：第一个是从现实世界到数字世界

的可感知需求，也就是通过数据结构化可以被人、设备所理解的需求，具体包括人感知车的需求、车感知人的需求、车感知周围环境的需求；第二个是不同设备之间的连接需求，比如智能手机、智能穿戴设备、智能汽车等；第三个是汽车人格化的需求，未来的汽车可能会发展成一个智能机器人，不仅能听从人的指令行事，还能揣测人的需求，为其推荐生活服务。

◇ 无人驾驶技术的推广

推广无人驾驶技术首先要建立健全智能汽车标准、智能汽车法律法规、智慧交通体系，然后要增进信息产业、电子产业、交通行业、互联网行业等汽车相关产业和行业的协同，对技术未来的发展趋势进行充分思考，做好软硬件接口、数据通信格式与协议、平台安全建设，与国际智能汽车技术标准对接，构建具有中国特色的智能汽车标准体系。除此之外，我国还要加快智能汽车试点示范项目的建设与实施，构建智慧交通路网，出台与智能汽车相关的法律法规，明确无人驾驶汽车发生交通事故之后的责任判定等问题。

◇ 无人驾驶技术的使命

在无人驾驶技术的支持下，共享汽车必将不断发展，汽车将兼具公共交通工具及服务的双重功能。随着共享汽车不断普及，人们购买私家车的需求将不断下降，交通拥堵、停车难问题将得到有效缓解，温室气体排放将大幅减少。再加上共享汽车的操作具有时效性、安全性、精准性，共享汽车不仅能降低交通事故的发生频率，还能让残疾人、无驾照人士、无车人士和老年人享受驾车旅行的乐趣，使人的时间、生产力得到全面解放。

2.1.4 无人驾驶颠覆与重构交通生态

生态指一切生物的生存状态，以及它们之间、它们与环境之间环环相扣的关系。由此及彼，交通生态指的就是交通系统内部的车辆、道路等元素之间，以及它们与外部环境之间的关系。目前，我国交通生态存在很多问题，比如交通事故频发、城市交通拥堵严重、空气污染严重等。无人驾驶的出现为这些问题的解决带来了新思路、新方案。

据预测，2021年，无人驾驶汽车将全面进入市场，并颠覆汽车行业现有格局，推动汽车行业转型升级，迈进新阶段。根据世界经济论坛2016年发布的数据，汽车行业数字化变革所创造的价值将超过670亿美元，所创造的社会效益将达到3.1万美元，包括改进无人驾驶汽车、实现乘客互联、改善整个交通行业的生态系统等。

未来几十年，半自动驾驶汽车与无人驾驶汽车拥有极大的市场发展潜力。比如，到2035年，我国自动驾驶汽车数量将达到860万辆，其中全自动无人驾驶汽车340万辆，半自动驾驶汽车520万辆。

◇ 增强高速公路安全

现如今，高速公路事故是困扰着世界各国的一大难题。根据世界卫生组织统计，全世界每年在高速公路事故中丧生的人数高达124万。

据统计，每年因致命车祸造成的损失高达2 600亿美元，车祸致伤造成的损失达3 560亿美元，每年因高速公路事故造成的损失大约有6 250亿美元。根据美国兰德公司调查，在车祸死亡事故的各种诱因中，酒驾占比39%。在这方面，无人驾驶汽车的普及应用将使这种情况得到有效改善，可实现减少甚至避免车祸伤亡。

◇ 缓解交通拥堵

交通拥堵是大城市的通病。在美国，每位驾驶人每年大约有40个小时因交通拥堵滞留在路上，堵车成本大约为1 210亿美元。在莫斯科、里约热内卢等城市，因交通拥堵造成的时间浪费更加严重，每位驾驶人每年大约有100多小时浪费在交通拥堵上。在我国，大约有35个城市的汽车保有量超过了100万辆，有10个城市的汽车保有量超过了200万辆，大城市的市区大约有75%的道路会出现交通拥堵。

Donald Shoup研究发现：在大城市的市区，因驾驶人来回绕行寻找停车位造成的交通拥堵占到了30%，这一原因加剧了交通拥堵和空气污染，因为有30%的二氧化碳是由汽车排放的，而二氧化碳正是导致气候变化的元凶。另外，根据估算，23%~45%的交通拥堵发生在道路交叉口的位置。因为交通灯和停车标志是静止的，时间间隔是提前设定的，无法考虑各个方向的交通流量，很难真正发挥调节车流量的作用。

随着无人驾驶汽车在车流量中的占比越来越大，车载感应器将与智慧交通系统联合，对道路交叉口的车流量进行优化。红绿灯的时间间隔将根据各个方向的车流量自动调节，从而提升道路交叉口的车辆通行效率，为交通拥堵问题提供有效的解决方案。

◇ 减少空气污染

汽车是造成空气污染的一个非常重要的因素。根据兰德公司的研究：相较于手动驾驶来说，无人驾驶技术通过更顺畅的加速、减速，将燃料效率提升4%~10%。

无人驾驶汽车共享系统有利于实现节能减排。得克萨斯大学奥斯汀分校的研究人员对一氧化碳、二氧化硫、氮氧化物、挥发性有机化合物、细小颗粒物做了研究，结果发现无人驾驶汽车共享系统既可以节省能源，还能减少很多种污染物的排放。

Uber 发现，洛杉矶有 30% 的乘客选择拼车出行，旧金山有 50% 的乘客选择拼车出行。在全球范围内，大约有 20% 的乘客选择拼车出行。无人车也好，传统车也罢，选择拼车出行的乘客越多，所产生的环境效益就越好，交通拥堵就越能得到有效缓解。因为拼车出行改变了一人一车的乘车模式，所以空气质量得到了有效改善。

2.2 全球布局：抢滩无人驾驶竞争制高点

2.2.1 全球无人驾驶产业的竞争格局

◇ 从路测资质看无人驾驶行业格局

目前，在全世界范围内，加利福尼亚州（以下简称加州）率先通过了无人驾驶汽车立法，是全球最主要的无人驾驶汽车测试基地。主管美国汽车安全的美国国家公路交通安全管理局总部就设在加州，因其开放性、权威性、包容性，加州成为全球最主要的无人驾驶汽车测试基地。

加州车辆管理局（DMV）为无人驾驶汽车公司颁发加州无人驾驶路测许可，获得许可的公司可在特定的公共道路上进行无人驾驶汽车测试。2014年9月，加州车辆管理局颁发了第一批无人驾驶路测许可，如图2-1所示。目前，在全球范围内，获得无人驾驶路测许可的公司达到了45家，这些公司包括传统车企、零部件供应商、科技巨头、初创公司等不同类型的企业。

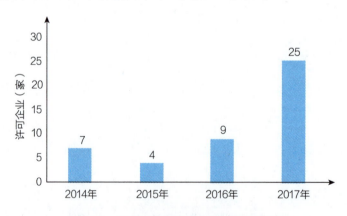

图2-1 加州无人驾驶路测许可加速发放

全球无人驾驶产业发展速度越来越快。2014年有7家公司获得加州无人驾驶路测许可，2015年获得该许可的公司有4家，2016年有9家，2017年有25家。仅2017年获得加州无人驾驶路测许可的公司占比就超过了总数的一半，呈现爆发式增长。这一现象表明：无人驾驶产业的发展速度越来越快，全球各大公司都在着力研究无人驾驶汽车，该领域的竞争愈发激烈。

前瞻产业研究院发布的《中国无人驾驶汽车行业发展前景预测与投资战略规划分析报告》显示，到2025年，无人驾驶汽车的市值将达到2 000～1.9万亿美元。到2035年，全球无人驾驶汽车销量将达到1 180万辆。2025—2035年，无人驾驶汽车年复合增长率将达到48.35%，届时，我国在全球无人驾驶汽车市场所占份额将达到24%。

◇ **全球自动驾驶渗透率将快速提升，市场空间或超千亿量级**

美国汽车工程学会将自动驾驶分成了6个等级，其中0级为完全人工驾驶，5级为完全无人驾驶，中间为不同程度的人工辅助驾驶和自动驾驶。目前，1级和2级自动驾驶技术已经比较成熟，3级自动驾驶技术将实现量产，5级完全无人驾驶还需十几年的时间才能实现产业化。据判断，近几年，全球自动驾驶的渗透率将快速提升。预计到2020年，1级和2级自动驾驶的渗透率将达到40%；到2025年，20%以上量产的汽车有望实现不同级别的自动驾驶；到2040年，所有新生产的汽车都将配备自动驾驶功能，其中4级和5级自动驾驶汽车的渗透率将达到50%，相应的市场规模将超过千亿美元，如图2-2所示。

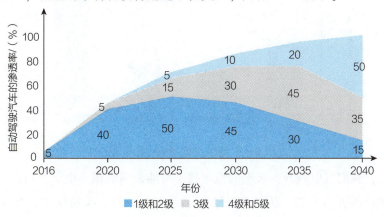

图2-2 分级自动驾驶汽车渗透率

◇ **创业公司成为全球无人驾驶产业重要力量,推动多产业融合**

截至 2017 年底,有 45 家公司获得了加州无人驾驶许可。其中有 11 家传统汽车生产企业,比如大众、通用、长安等;有 6 家汽车零部件供应商,包括德尔福、法雷奥、大陆、博世等;有 7 家科技巨头,比如苹果、特斯拉、英伟达等;还有 21 家创业公司,比如 Zoox、Drive.ai、蔚来等(见表 2-2),其中创业公司的占比达到了 47%,接近一半,成为全球无人驾驶产业的重要参与者,如图 2-3 所示。

表 2-2 加州无人驾驶路测许可发放时间

发照时间(年)	公司名
2014	大众、奔驰、谷歌 Waymo、德尔福、特斯拉、博世、日产
2015	通用、宝马、本田、福特
2016	Zoox、Drive.ai、法拉第未来、百度、Wheego、法雷奥、蔚来汽车、Teleany、英伟达
2017	AutoX、斯巴鲁、Udacity、Navya、Renovo、Uber、PlusAI、Nuro、CarOne、苹果、Bauer、小马智行、图森未来、景驰、上汽、Almotive、Nullmax、三星、大陆、Voyage、CYNGN、Roadstar、长安、Lyft

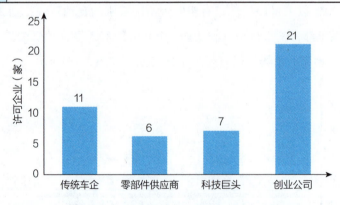

图 2-3 创业公司数量占比最大

据此,我们可以判断,未来的汽车技术可能会向机械、电子、通信、人工智能深度融合的方向发展。传统车企、知名高校、科技巨头将诞生出更多创业团队,因为拥有交叉背景,公司有望实现快速发展。

◇ **创业公司高速发展，重塑无人驾驶产业竞争格局**

2014年和2015年无一创业公司获得加州无人驾驶许可；2016年有5家公司获得加州无人驾驶许可，占比56%；2017年有16家公司获得加州无人驾驶许可，占比64%，呈现快速发展之势。创业公司因为刚刚进入该行业，轻装上阵，有望实现跨越式发展。据此，可以判断，创业公司极有可能凭借自己的优势在无人驾驶汽车整车制造与运营、系统解决方案、关键零部件等领域占据重要位置。

2.2.2 全球各国无人驾驶技术的发展

交通运输技术的不断发展，为人们的出行带来了诸多便利，汽车更新迭代速度越来越快，除了要求其具备较强的动力、个性化的外观设计、良好的人车交互体验外，也在环保、安全、智能化等方面提出了更高的要求。在这种背景下，无人驾驶技术拥有了广阔的应用前景，是汽车行业发展的主流趋势。

◇ **国外无人驾驶技术的发展**

工业发达国家对无人驾驶汽车的研究始于20世纪70年代，在可行性、实用化等方面均取得了较大突破。但因为预期目标太复杂，再加上技术条件不成熟，到20世纪80年代末90年代初，各国从无人驾驶汽车的研究项目中脱离，开始专注于高速公路上民用车辆辅助驾驶项目的研究。不过这个时期的无人驾驶汽车属于半自动驾驶汽车，和真正意义上的无人驾驶汽车存在较大差距。

直至1999年，美国卡耐基梅隆大学研制的无人驾驶汽车成功穿越美国东西部，在全程5 000千米的洲际高速公路上，车辆以50~60千米/时的速度自主行驶了超过96%的路程，无人驾驶汽车项目宣告成功。

2000年，丰田汽车公司研发了无人驾驶公交车，道路诱导、追尾防止、车队行驶、运行管理等部分构成了自动驾驶系统。2007年，德国推出Lux无人驾驶汽车，这辆无人驾驶汽车是由普通轿车改造而来的，用到了激光传感技术、智能计算机、全球定位仪，可处理复杂的路况，在城市公路上自动行驶。

2010年，德国柏林自由大学教授罗加斯带领团队对一辆大众帕萨特进行改造，最终研发出了一款无人驾驶汽车，即便是在地下隧道中，这款汽车也能够利用摄像机、激光扫描仪、热传感器、卫星导航等技术与设备，对道路上的行人和其他车辆进行精准识别，并配合交通信号灯调整汽车行驶状态。

为了更好地针对路面情况采取更为科学合理的驾驶策略，无人驾驶汽车通常需要在车载计算机中构建三维图像，通过分析路面状况、车辆位置等数据为汽车制订科学合理的行驶路线，并向乘客或控制人提供预计到达时间。

英国伦敦希斯罗机场于2010年应用了名为"优尔特拉"的无人驾驶汽车，该车由英国的布里斯托尔大学和先进交通系统公司共同研发，不过该车需要在专用道路上行驶。

法国INRIA公司研发的"赛卡博"无人驾驶汽车相对较为成熟，该车应用了先进的GPS全球定位技术，车上配备触摸屏，乘客或控制人可以通过使用触摸屏来对驾驶路线进行规划。激光传感器就像人眼一般，可以帮助汽车躲避路障，同时，利用双镜头摄像机精准识别路标，借助物联网、移动互联网，可以让车与车、车与路、车与人进行交互，促进交通信息的自由流通共享，缓解交通拥堵，提高交通路网通行能力。

◇ **我国无人驾驶技术的发展情况**

在我国，1989年国防科技大学研发了第一辆智能小车；1992年国防科技大学研发出第一辆真正意义上的无人驾驶汽车，我国无人驾驶汽车技术的研发正式起步，进入探索阶段。

上海交通大学主导的城市无人驾驶汽车项目CyberC3智能车主要行驶在城市非主干道等非结构化道路（道路类型与环境背景复杂，车道线和道路边界不清晰）上，平均车速在10千米/时以内，能够实现自动定位、导航、行驶、避障、交互等。

西安交通大学郑南宁教授于2001年年底组建了无人驾驶智能车项目，2002年推出了无人驾驶汽车"思源1号"，2005年，"思源1号"成功完成校园道路环境测试。此后，项目组尝试让"思源1号"智能车走出校门，制订了"新丝绸之路挑战"计划，想要让"思源1号"从西安自主行驶到敦煌，不过在实际测试时，发现当时的"思源1号"很难适应真实的交通环境。经过10多年的研究，目前"思源1号"逐步完成了从特定路段到复杂路段、从直线行驶到转弯超车、从每小时 10~15 千米到 70~80 千米的重大突破。

2011 年，一汽红旗 HQ3 无人驾驶汽车完成 286 千米的路测；2015 年，百度无人驾驶汽车完成北京开放高速路的自动驾驶测试；2016 年，长安汽车的无人驾驶汽车完成 2 000 千米超级无人驾驶测试，标志着我国的无人驾驶技术逐渐成熟。

在无人驾驶技术迅猛发展的过程中出现了很多其他新技术。根据汤森路透知识产权与科技报告，2010—2015 年出现了 22 000 件与无人驾驶技术相关的专利，其中很多技术已投入使用。尤其是在深度学习算法和云服务技术的支持下，无人驾驶技术的研发进程越来越快。

2.2.3　全球无人驾驶的商业应用前景

因为无人驾驶汽车要安装雷达、摄像机、人工智能系统，所以前期制造成本会比较高，自然价格也会比较高，致使普通消费者承担不起，所以，最先使用无人驾驶汽车的会是一些特殊行业、特殊群体，比如快递行业、工业企业、出租车、为老年人或残疾人士服务的行业等。

◇ **公共交通**

未来，公共交通行业将大规模使用无人驾驶汽车。根据得克萨斯大学奥斯汀分校针对共享无人驾驶汽车（SAV）的研究：一辆共享无人驾驶汽车可替代 11 辆常规汽车，运营里程至少能增加 10%。这就表示，随着共享无人驾驶汽车的推广应用，交通拥堵问题可得到有效缓解，环境恶化可得到有效控制，而且共享无人驾驶汽车使用方便，它必将成为人们出行时首选的交通方式。

为了推广无人驾驶汽车，一些城市计划为无人驾驶汽车划定专用街区，这些街区不会出现人工驾驶车辆与无人驾驶汽车并行的情况，无人驾驶出租车与共享出行车辆将承担起为用户提供全部交通服务的责任。为了给无人驾驶汽车创造一个良好的运行环境，城市规划部门将开展区域优化。

◇ **快递用车**

无人驾驶汽车还将在快递行业得以广泛应用，跻身货车领域。随着互联网电商迅猛发展，快递公司迅速崛起。消费者在网上购物时总希望能在最短的时间内收到货物，尤其对于生鲜等食品类商品，人们总是希望快递公司能提供几小时内送货上门服务。根据商务部提供的数据：2018年上半年，我国电商行业的销售额达到了4.08万亿元，快递包裹总量超过了2015年全年的业务量，更有很多电商承诺当日送达，进一步推动了电动车和货车快递的发展。

◇ 老年人和残疾人

无人驾驶汽车将在老年人和残疾人这两个群体中实现大规模应用。因为身体条件的限制，老年人和残疾人都面临着出行不便的问题，无人驾驶车辆的使用能帮这两大群体解决出行难题。

据预测，到2050年，美国老龄人口将超过8 000万，在总人口中的占比将超过20%，其中1/3要面临出行难题。我国也是如此。预计到2050年，我国老龄人口在总人口中的占比将达到33%。在日本，预计到2060年，老龄人口在总人口中的占比将达到40%。同时，残疾人口的规模也非常庞大。比如，美国大约有5 300万残疾人士，在成年人口中的占比达到了22%。在美国的成年人中，大约有13%的人有出行障碍，有4.6%的人有视力障碍。

这些残疾人和老年人为无人驾驶汽车的推广使用提供了一个广阔的市场，这两个群体都渴望能自由出行，无人驾驶汽车恰好能满足他们的这一需求，帮助他们自由出行。

2.2.4　全球领先的无人驾驶研发企业

近年来，互联网和人工智能等技术的发展，为无人驾驶汽车落地奠定了技术基础，全球领先的互联网企业和汽车巨头凭借在无人驾驶领域积累的技术优势，在无人驾驶汽车研发方面构筑了一定的竞争壁垒。

◇ 特斯拉：计划实现"全无人驾驶"

电动汽车制造商特斯拉在驾驶人辅助技术和无人驾驶技术领域占据了领先优势，其首席执行官埃隆·马斯克认为完全无人驾驶领域有广阔的发展空间，认为完全无人驾驶技术 2～3 年后就能实现,而监管部门的批准却还需要 1～5 年的时间。2015 年 10 月,特斯拉在 Model S 上安装了 Autopilot 软件,让车辆实现了自动转向、自动变道、自动泊车。2016 年夏天,在 Autopilot 发生首例交通致死事件之后,特斯拉饱受批评,但 Autopilot 本身并未发现安全缺陷。

事故发生后,特斯拉切断了和 Mobileye 的关系,之后,特斯拉开始致力于加强对雷达及摄像机系统研发的把控,并向公众承诺为其提供半自动驾驶与无人驾驶服务。特斯拉推出的 Model 3 已收到了 40 万笔订单。同时,特斯拉还拒绝了和 Uber 合作研发无人驾驶汽车。

自 2016 年 10 月以来,特斯拉生产的所有汽车都配置了一款新型的传感器与计算机软件包——Autopilot Hardware 2,该软件成熟之后,汽车就能实现完全无人驾驶。该系统将 Mobileye 的 EyeQ3 替换为 Nvidia 的 DrivePX2,用户要想享受完全无人驾驶功能必须先付费激活。根据用户反馈,Autopilot2.0 软件开始时应用效果不佳,之后系统进行了更新、完善。

埃隆·马斯克延续了之前的行事风格,向公众承诺提供无人驾驶的积极时间表,并在 2017 年年底之前发布了功能。特斯拉公司推翻了之前的数据收集策略,使用客户的车载摄像头收集视频信息、创建新系统。特斯拉无人驾驶用户协议还做出了如下规定:用户如果想通过共享车辆盈利,只能在特斯拉网络上进行交易。除此之外,为了创建一个完整的可持续交通生态系统,特斯拉还收购了 SolarCity。

◇ 沃尔沃:计划到 2021 年实现自动驾驶

在自动驾驶客车领域,沃尔沃取得了很大的进展。沃尔沃在安全技术创新领域享有极高的声誉,它将与自动驾驶车辆有关的技术称为"智能安全",以期利用这些功能将沃尔沃车辆死亡事故的发生率降为零。2017 年,沃尔沃成功地向瑞典 100 位客户提供具备自动驾驶功能的 XC90 SUV,虽然 XC90 SUV 在自动驾驶区域、时间、条件等方面仍有诸多限制。

沃尔沃表示,如果车辆在自动驾驶状态下发生事故,沃尔沃将承担全部责任,并宣布将自动驾驶试点计划推广到美国和中国。沃尔沃紧跟宝马等竞争对手的发展步伐,承诺以 2021 年为限,实现自动驾驶汽车的全方位部署。

在紧跟竞争对手步伐的同时,沃尔沃也在积极寻找合作伙伴,与瑞典 Autoliv

合作成立自动驾驶合资公司Zenuity，计划在2019年率先实现驾驶辅助系统的商业化，将其提供给其他汽车制造商使用。

◇ 百度计划将自动驾驶汽车业务剥离，实现大规模生产

从2015年开始，百度对无人驾驶汽车技术进行公开测试。2016年11月，百度邀请公众乘坐自制电动无人驾驶汽车，对无人驾驶汽车技术进行体验和试验，该活动持续了一周。同时，百度还获得了加州无人驾驶汽车自主测试许可证。2016年6月，百度宣布要在5年内让自动驾驶汽车实现大规模生产，为此，百度在硅谷设立了AI研究实验室。2018年9月，百度推出一项开发无人驾驶汽车的基金项目，项目总价值15亿美元。百度总部计划生产限量的无人驾驶汽车，并计划在2021年实现批量生产。

◇ 奥迪创立自动驾驶子公司

奥迪以A7和RS7车型为蓝本发布了多款自动驾驶原型车，有部分车辆已经开始面向消费者进行测试。2016年7月底，奥迪创立了一家自有子公司——SDS，专门用来研发自动驾驶技术，奥迪通过该公司加入了自动驾驶领域的竞争。2017年4月，奥迪聘请前特斯拉自动导航项目主管担任自动驾驶部门的首席技术官，彰显了奥迪进入无人驾驶领域的决心。

根据奥迪的发展计划，在A8旗舰轿车中自动驾驶技术将实现商业化。作为大众旗下的豪华车品牌，奥迪进入自动驾驶领域意义非凡。

奥迪、戴姆勒、宝马合作成立了一家联合体，斥资31亿美元购买了诺基亚HERE地图精确定位的资产。近年来，HERE正在加速推进其计划，准备让车辆传感器的数据采集和传输实现标准化。

◇ 微软：寻求和汽车厂商的合作

微软开始涉足自动驾驶汽车研究，在开始阶段，微软的策略是合作。比如，2015年11月，微软与沃尔沃达成了交易，利用自己的HoloLens技术与沃尔沃合作，致力于自动驾驶汽车的研发。

2016年3月，微软宣布扩大与丰田的五年合作伙伴关系，为丰田在机器人、自动驾驶、AI等领域的研究提供强有力的支持。截至2016年6月，微软的策略

依然是为合作公司提供技术支持，还没有推出自行研发战略。在汽车客户业务的推动下，微软自身的 Azure 云业务实现了迅猛增长。根据相关报道，之前由宝马、戴姆勒、大众掌握的 HERE 高清地图服务，现在微软也涉足其中，并持有一定的股份。

◇ 丰田的"守护天使"

2014 年，丰田曾发布一份声明，声称为了安全不会开发无人驾驶汽车，现如今，丰田早已违背了这份声明，并于 2015 年宣布投入 10 亿美元用于无人驾驶汽车的研发，并针对无人驾驶技术的研究建立了丰田研究所（TRI），还聘请斯坦福大学和麻省理工学院的教授和研究员及无人驾驶汽车公司 Jay Bridge Robotics 的员工进驻。2016 年 4 月，丰田宣布与美国密歇根大学合作，共同研发无人驾驶汽车，这是其合作的第三所大学。

丰田计划将无人驾驶汽车研发任务在这三所大学之间进行分配，其中密歇根大学负责完全无人驾驶汽车的研发，斯坦福大学负责部分无人驾驶汽车的研发，麻省理工学院负责研究机器学习算法。2016 年 8 月，丰田加大了在各个学校的投入，给密歇根大学投资了 2200 万美元，以期推动机器人和无人驾驶技术的研究。

丰田计划在 2021 年让"AI 汽车功能"上路。TRI 首席执行官 Gill Pratt（吉尔·普拉特）一直都非常支持"守护天使"系统，该系统只有在人类驾驶人即将遇到危险或执行错误操作时才会对驾驶人的行为进行监督、干预。目前，TRI 在研究第二个系统——Chauffeur，针对 4 级和 5 级无人驾驶，该系统将在"守护天使"系统后部署应用。2017 年 3 月，丰田研究所向公众展示了一个最新的自主研发平台。

2.3 技术路线：无人驾驶产业的关键技术

2.3.1 无人驾驶技术的关键组成部分

◇ 汽车体系结构

汽车体系结构为汽车系统搭建了骨架，明确了无人驾驶汽车系统软硬件的组织原则、集成方法、支持程序等。

◇ 外界环境感知与识别

人工智能系统是由数据驱动的，无人驾驶汽车系统也不例外，而基于外界环境感知与识别技术的车载传感器是无人驾驶汽车感知环境和掌握实时路况信息的核心手段。在外界环境感知与识别技术的加持下，无人驾驶汽车的车载智能系统实时获取路面物体间（比如，行人、汽车、障碍物等）的相对位置、距离、速度等信息，为汽车决策与指令执行提供必要支持。

◇ 定位导航系统

在无人驾驶汽车行车过程中，定位导航系统将提供汽车位置、速度、方向等多种信息，是无人驾驶汽车的基础性软件。经过多年的发展，定位导航技术体系不断完善，涌现出了卫星导航技术、路标定位技术、视觉定位技术、航迹推算技术、地图匹配技术、惯性导航技术等多种定位导航技术。当然，在实际应用场景中，往往是两种及以上的定位导航技术同时应用，以便提高导航效率与精准性。

◇ 路径规划技术

无人驾驶领域的路径规划技术是指无人驾驶汽车的智能系统通过对路况、车速、行车距离、信号灯数量等数据进行分析，在既定出发点和目的地之间设计出一条安全、高效的行驶路线，这需要应用到统计学、大数据、云计算等多种技术。

在路径分析方面，人工驾驶汽车时，驾驶人可以结合实时路况灵活决策，而在无人驾驶状态下，智能系统需要借助高精度三维路况模型，对汽车和周边事物的相对位置、距离、速度等信息进行高效计算，从而实现安全驾驶。

路况思维模型需要做出实时调整，在这个过程中会涉及海量数据，必须借助GPU（图形处理器）或分布式神经网络算法来对数据进行高效处理。需要指出的是，想要做到对高精度三维路况图的实时更新，必须实现区域内自动驾驶汽车智能系统间的数据交互共享。为了获取更为丰富多元的路况信息，自动驾驶汽车中需要安装激光测距雷达、车内惯性雷达及各种传感器等软硬件。

在路径规划方面，路径规划不但需要高精度三维路况图，对高精度定位技术也有较高依赖性。无人驾驶汽车必须能够对自身位置进行实时感知与识别，执行智能系统设置的最优路线方案，并遵守交通秩序，及时避障，坚持以人的安全为第一要义，安全、高效地完成驾驶任务。

路径规划功能主要包括三个要点：

（1）充分考虑整体环境来进行车道规划，结合乘客个性需求在出发点和目的地之间设计最优路线。

（2）整合车道信息，利用导航、传感器、智能算法等手段与工具对车道信息进行整合，选择最优行驶车道。

（3）理解车道信息，充分利用深度学习算法，分析车道对车速、转向等各方面的具体要求，使智能控制系统在车辆行驶时制订更为科学合理的方案。

◇ **车辆控制技术**

汽车在获取环境信息的前提下，要通过车辆控制技术，利用自动转向控制系统，让汽车保持平稳的行驶状态。在具体行驶途中，车辆控制技术可以对汽车的行进速度、车距进行把控，还能让汽车完成超车、换道等驾驶操作。为了实现这些多样化的功能，需在无人驾驶汽车上安装控制与操作系统，具体如卫星导航系统、自适应巡航控制系统、紧急制动系统、车道偏离系统、自动泊车系统等。

（1）紧急制动和卫星导航系统：一旦遇到紧急情况，立即启动制动系统进行应对。

（2）自适应巡航控制系统：确保无人驾驶汽车与前面的车辆保持安全车距，使汽车在道路上安全行驶。

（3）车道偏离检测系统：保证无人驾驶汽车能够按照道路标志与声音引导行驶，在发现车辆出现偏离车道的迹象时，迅速进行方向调整，避免汽车路线错误。

（4）自动泊车系统：保证无人驾驶汽车能够自动停在正确的位置，且能够安全驶出来。

这几大技术相互作用，保证无人驾驶汽车有目的、有方向地安全行进。上述技术看似分散，其实可以系统地归入三个层级：感知层、决策层和执行层。其中，外界环境感知与识别归入感知层，定位导航系统与路径规划归入决策层，车辆控制技术归入执行层。除这些主要技术外，无人驾驶还涉及很多其他技术，详述如下。

2.3.2 感知层：采集环境与驾驶信息

无人驾驶汽车充分利用雷达、传感器、卫星导航系统、人工智能计算模块等软硬件设施间的协同合作，在无人干预的情况下，让汽车实现自主驾驶。无人驾驶汽车会配备大量车载传感器，这就相当于让汽车拥有了无数个眼睛，安全性和可靠性明显高于普通汽车。

在无人驾驶过程中，最重要的是在感知环境的基础上实施无人驾驶操作，该技术在无人驾驶中发挥着基础性的支撑作用。除了进行环境感知之外，还要结合车辆控制技术的应用，也就是说，无人驾驶的发展有赖于环境感知与车辆控制技术的支持。

在相对完善的无人驾驶系统中，信息采集网络对汽车周边信息进行搜集，然后由智能算法制订行车方案，接着再利用智能化的汽车行驶控制器让汽车行驶到目的地。

感知层是无人驾驶汽车获取外部信息的重要渠道。现阶段，无人驾驶汽车感知外部环境的智能传感系统主要包含视觉传感器、激光雷达及毫米波雷达三个组成部分。

通过视觉传感器进行导航又被称为"视觉导航"，车辆将通过摄像机获取道路周边环境局部图像，然后利用图像识别等技术，实现汽车定位及周边环境检测等。

激光雷达能够让无人驾驶汽车对动态障碍物进行实时监测，抗光照干扰能力强，具有极高的探测精度，能够为动态障碍物监测和运动状态评估提供强有力支持。激光雷达能够获取线数、精度、点密度、扫描频率、检测距离、水平垂直视角等诸多周边环境参数，在提供位置与距离等基本信息的同时，还能够反馈目标物体密度信息，从而让算法得出其反射率，以便进行深入分析。

毫米波雷达频率范围在 30～300 吉赫之间，低频段和厘米波段颇为类似，能够全天候成像；高频段则能够充分发挥红外波高分辨能力的优势。毫米波雷达和激光雷达遵循同样的探测原理，都是利用物体对雷达波的反射来获取目标物体相关数据，不过毫米波雷达技术更为成熟，在穿透力与成本方面有一定优势，但短板也较为突出，比如频段对探测距离影响过大，难以感知行人，不能实现对目标的精细化识别等。

综合运用多种智能传感系统，提高汽车对自身运行状态与周边环境的感知能力，是无人驾驶汽车发展的主流趋势。总体来说，无人驾驶的流程包括两个步骤：第一步，利用雷达等技术获取环境信息；第二步，在对环境进行判断的基础上，控制汽车的制动系统与转向系统，确保汽车在道路上能够安全和稳定地行驶。将这两个模块结合起来，发挥两者之间的协同作用，就能完成无人驾驶的整个过程。

利用环境感知技术，汽车可以捕捉到当前所处位置、道路及周边车辆、障碍物的相关信息，把这些信息内容发送给车载中心计算机，据此掌握途中情况，规划和调整行驶路线，最终到达目的地。简单地说，汽车能够通过环境感知技术，获知自身所处位置及周边的物体信息，判断这些物体的属性，及其与自身的距离，并从宏观层面掌握当前的环境信息。

不仅如此，汽车之间还能够进行信息连接，收集不同车辆的实时环境与驾驶信息。远程通信技术与无线网络技术在无人驾驶领域的应用，有效提高了汽车的环境感知能力，从整体上推动了无人驾驶技术的发展。

2.3.3 决策层：路线规划与实时导航

决策层的主要功能是规划行车路线，提供实时导航服务。这两大功能的实现需要借助高精度地图，也就是"高清数字地图"，高精度地图与普通地图的区别在于它精确度较高、信息量较大，是无人驾驶汽车的专用地图。

为什么无人驾驶汽车不能使用普通地图呢？因为普通地图标记的信息比较简单，两个平行的线条代表道路，交叉点代表十字路口。人类可以根据这些简单的信息做出判断，但无人驾驶汽车很难做到这一点。所以，高清数字地图以三维立体形式呈现，涵盖的信息非常丰富，包括车道线、附近设施的坐标位置等，而且精准度极高，达到了厘米级。

和普通地图相比，高精度地图还有一个特殊功能，就是可以收集道路上激光雷达的反射强度。对于人类驾驶人来说，这个功能毫无意义，但对无人驾驶汽车来说，这个功能价值极高。道路激光雷达的反射强度是一个变化很慢、很小的道路特征，可以为无人驾驶车辆利用光学雷达定位提供依据。无人驾驶系统将光学雷达扫描获取的信息与高精度地图上已有的信息进行对比，就能明确车辆当前所处的位置。

无人驾驶决策系统发挥作用需要两个条件：一是独立的智能车辆，二是智慧交通系统，比如车辆对外界的信息交换技术（V2X）等。V2X是除高精度地图之外的另一个可以对路径进行规划的技术，是在车辆到基础设施技术（V2I）的基础上发展起来的。V2X使车辆与周边环境建立连接，形成一个物联网，涵盖了车对车的通信系统、车对基础设施的通信系统和车对行人的通信系统等一系列通信系统。

在行驶过程中，如果车辆能够"得到"信号灯信息，而不只是"看到"信号灯信息，就能完全避免闯红灯。这里所说的"得到"指的是，在传感器尚未"看到"信号灯的时候，比如在距离信号灯还有100米时，信号灯主动向车辆发送当前的信号状态、变化时长等信息，提醒车辆减速、加速或刹车，从而避免闯红灯。另外，如果无人驾驶车辆可以在行驶过程中"得到"周边车辆的行驶意图，比如停车、变道、转弯等，就能有效避免交通事故发生。

在高精度地图、V2X 通信网络的支持下，无人驾驶系统可以利用搜索算法对各种驾驶行为的成本做出准确评估，从而规划出最优行驶路径。

2.3.4 执行层：精准控制汽车的运行

在整个控制系统中，执行层位地底层，主要功能是执行刹车、转身、加速等操作，利用"线控装置"操控方向盘和加速踏板，并由多个处理器组成的子系统对无人驾驶汽车的整个机械系统进行稳定且准确的操控。

汽车行驶控制器是实现车辆控制与自动驾驶的核心模块，其作用体现在两方面：一方面，结合自动驾驶汽车动力学性能和车载传感器性能调整车辆行驶参数，确保安全、高效、低能耗地完成驾驶任务；另一方面，基于无人驾驶汽车的动力学性能和传感器识别性能，让汽车能够像有多年驾龄的驾驶人一般思考并决策，根据实时路况调整行驶状态，同时考虑安全性、经济性、舒适性、伦理道德等多种因素，在给乘客带来良好出行体验的同时，保持车辆和其他车辆、行人间的和谐。

实现车辆精准控制是自动驾驶的关键所在，而车辆控制要遵循的基本原则是确保人与车辆的安全性，显然这需要先进的制动系统提供强有力的支持。汽车遭遇意外情况时，在智能驾驶控制器的指令下，制动系统能够做出精准、实时制动，避免交通事故或降低事故的负面影响。具备了强大的制动系统后，无人驾驶汽车还需要更为智能化的控制算法，这是赋予制动系统更高控制精度与鲁棒性的主要手段。

现阶段，几乎所有的无人驾驶汽车项目都会通过机器学习等技术，让汽车学习并模拟人为驾驶经验，再结合智能系统实时分析对车辆进行控制。高速行驶的汽车是很难避免遇到紧急情况的，不过，如果让无人驾驶汽车具备应急处理能力，就可以有效控制风险，而且智能系统处理紧急情况不会像人一般出现紧张、慌乱情绪，能够理性、果断决策，当然，这一切的前提是有一个强大的"智能大脑"。

安全是无人驾驶汽车需要首先考虑的问题。在人工驾驶状态中，驾驶人的驾驶技能、心理素质、应急处理能力、操作习惯等存在一定差异，遇到突发事件时可以采取差异化的应对措施，而无人驾驶汽车可以是无差异化的，保障安全应该是第一要义，其次才是乘车体验。如今大部分无人驾驶汽车项目仍处于试验阶段，尚未经过市场验证，市场中的智能汽车主要是提供驾驶辅助服务的半自动驾驶汽车，未来如何保障无人驾驶汽车的乘车体验是一个需要攻克的重要课题。

未来，成熟的人工智能可以像人一般对周围环境进行分析并决策，分析特定场景中的行驶策略时，不必每次都重新分析，可以利用本车以前处理该场景的策略来控制车辆，或者模仿前方车辆。这对于汽车行业的影响将是颠覆性的，人类的生产、生活也将因此发生重大改变。

第 3 章
从无人驾驶到智慧交通

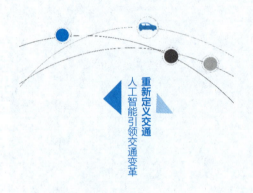

重新定义交通
人工智能引领交通变革

3.1 无人驾驶技术驱动的智慧交通系统

3.1.1 我国智慧交通系统的现状

城市化进程日渐加快，人们出行需求也日益多元化、个性化，如何解决交通拥堵、事故频发等交通问题，成为城市建设的一个重要课题。集多种先进技术为一体的智慧交通系统为促进交通运输提质增效提供了新的思路与手段，其在解决交通拥堵、资源利用效率低下、信息流通受阻等方面的巨大潜在价值尤其值得期待。在智慧交通系统的诸多子系统中，无人驾驶技术承担着车辆控制与管理的重要任务，对智慧交通系统的持续稳定运行有直接影响。

◇ **智能交通系统的基本概念**

智能交通系统是一个典型的交叉型领域，涵盖交通、机械、电子信息、网络与通信等多个领域。它是将传感器技术、计算机技术、信息技术、通信技术、自动化控制技术、无人驾驶技术、图像处理技术等多种先进技术融合应用至交通运输管理体系，而构建的一种广覆盖、实时、高精度、高效率的综合运输与管理系统，能够为交通运输服务提供强有力的支持。

智能交通系统包括安全系统、交通管理系统、车辆控制系统、出行需求系统、电子收费系统、营运管理系统、营运车辆运行系统、公共交通营运系统等多个组成部分。

对信息的收集、处理、发布、交换、分析及应用是智能交通系统发挥作用的关键所在。智能交通系统通过应用先进技术促进传统交通模式转型升级，使交通运输服务更为人性化、个性化、智能化，给广大民众创造更为优质的出行体验，是科技让生活更美好的直接体现。

智能交通系统尤其是公路智能交通系统是各国政府布局的重点内容,未来,汽车能够在自身智能控制系统控制下实现辅助驾驶甚至无人驾驶,通过丰富多元的智能检测设备与系统对路况进行实时监测,从而更为高效地配置交通设施资源。此外,还有专门服务于营运车辆的智能调度系统和引导人们智慧出行的智能辅助系统。

◇ 我国智慧交通系统的现状

在信息链支持下,智慧交通系统可以实现数据的实时高效流通,由传感器、监控、定位系统等负责获取数据,借助移动通信、卫星通信等方式进行数据通信,通过上述子系统的中央处理器对数据进行识别、筛选、计算及处理,然后发布在互联网等渠道中,利用信息反馈与自动化控制进行路线规划、交通信号控制、匝道控制等。

虽然我国智慧交通系统发展时间较短,仍处于初级发展阶段,但势头颇为迅猛,得到了政府、高校和企业的大力支持。比如,多个城市已经基本实现了电子收费系统与城市信号控制系统的推广普及等。

智慧交通系统得到了资本的大力支持。ITS114发布数据显示,2016年,我国城市智慧交通千万级项目达932项(皆为已开标项目),总规模达151.7亿元,和2015年相比,千万级项目数量增幅达58.7%,总规模增幅达55.9%。2017年,智慧交通市场进一步增长,智慧交通项目监测数据显示,2017年全国城市智慧交通千万级项目数量为1087个,市场规模约为190.08亿元。ITS114发布数据显示,截至2017年12月底,我国城市智慧交通市场中标过亿项目18个,中标过亿项目市场规模总计约为36.7亿元。

◇ 我国智慧交通系统中存在的问题

(1)从部门合作角度看,我国各部门在推进智慧交通系统发展过程中缺乏沟通,重复建设、资源浪费问题较为严重。

(2)从技术角度看,我国虽然在智慧交通技术领域取得了长足进步,但很多技术仍局限于理论与试验层面。以环境感知技术为例,现有技术在车速变化较大时,会出现图像失真问题,抗外部环境干扰能力也有待提升,虽然雷达探测可以解决外部环境干扰问题,但雷达探测有一定的视觉盲区,实际应用受到较大限制。

（3）从成本角度看，虽然通过摄像机搜集数据成本较低，但外部环境影响较为严重，图像失真难以得到有效解决，从而导致无人驾驶车辆决策失误，存在较高的安全风险。虽然激光雷达或毫米波雷达可以在一定程度上解决该问题，但受制于较高的成本，目前是很难在无人驾驶车辆中得到大规模应用的。

◇ 我国智慧交通系统的发展对策

（1）建立完善的协调组织机制。目前，公路、铁路、科研机构等组织之间的沟通交互受阻，存在较为严重的信息不对称问题，各自为政，难以相互协调配合。显然，这对我国在智慧交通风口中抢占先机是极为不利的，而且会造成较大的资源浪费问题。未来，我国政府应该充分发挥自身在发展智慧交通中的主导作用，加快出台智慧交通发展战略与规划，促进交通部门和高校、科研机构、企业之间的交流合作，在各方努力下，使智慧交通发展迈向新台阶。

（2）建立健全智慧交通人才培养体系。人才是发展智慧交通的必要资源，然而目前我国教育人才培养水平较低，过度侧重理论教育，忽略了技能培养，人才创新能力不足。为了给发展智慧交通提供足够的人才支持，我国政府需要加快建立健全智慧交通的人才培养体系，投入更多的资源支持人才培养，引导高校积极革新传统教育模式，从以培养标准化的学术型人才为主，转变为以培养多元化的应用型人才为主，使优秀人才在智慧交通发展中的引领作用得到充分发挥。

（3）鼓励技术创新。创新是经济社会发展的重要驱动力量，技术创新对破解智慧交通发展痛点，提高智慧交通产品与服务价值、创造能力具有十分积极的影响。为此，我国政府需要鼓励智慧交通领域的技术创新，加强科研成果转化，为智慧交通发展提供源源不断的内生动力。

◇ 我国智慧交通系统的发展趋势

我国智慧交通系统发展速度较为迅猛，吸引了大量创业者及企业争相布局。长期来看，发展智慧交通系统应该以人的安全为第一要义，致力于为人创造更高水平的优质服务，重视人才培养与技术创新，保障交通运输安全，提高效率，降低成本。大数据、云计算、无人驾驶、传感器、交通仿真等关键技术的发展应该得到充分重视。

无人驾驶技术是智慧交通系统的重要支撑技术，其涉及的环境感知、智能决策、自动控制、人车路协同等诸多技术，在智慧交通系统建设中都具有极高的应用价值，可以说，只有无人驾驶技术发展成熟，我们才能真正迎来智慧交通时代。

智慧交通系统管理与服务功能的实现，需要充分利用车辆信息服务系统、交通动态仿真系统、交通流量调度控制、电子收费系统、应急救援系统等子系统，推进环境感知、自动控制、智能决策等先进技术的融合应用，促进智慧交通系统在城市的大规模应用，为智慧交通系统发展积累宝贵的实践经验。

将无人驾驶技术作为切入点，推进智慧交通系统发展，需要高度重视智慧交通系统的规范与监管，促进智慧交通系统在公路、铁路、水路、航空等领域的协同发展，出台统一的技术与应用标准，提高各区域、各层级、各部门智慧交通系统的兼容性，减少重复建设造成的资源浪费，充分发挥规模效应。

无人驾驶技术与智慧交通系统发展需要各方积极参与，确实，在交通领域政府应该扮演主导角色，但仅凭政府的力量是远远不够的，让富有活力与创造力的创业者与企业能够积极参与进来显得尤为关键。当然，这需要政府在政策、资金等方面提供大力支持，为企业创造优良的营商环境，在市场的驱动下，使无人驾驶技术与智慧交通系统能够在更短的时间内走向成熟。

3.1.2 无人驾驶在智慧交通领域的应用

无人驾驶技术包括人机交互技术、智能控制系统、防抱死制动系统、牵引或稳定控制系统等，下面对这些技术在智慧交通领域的应用进行具体分析。

(1) 人机交互技术保障行车安全

智慧交通系统以人的安全为第一要义，而想要全方位保障人的安全，需要汽车和人进行交互，这就需要使用人机交互技术。人机交互不仅涉及汽车和车内人的交互，还涉及汽车和车外人的交互。现阶段，无人驾驶领域的人机交互技术研究更加关注车和外部行人之间的交互，通过构建一种能够让车与人高效便捷交互的沟通机制，实现人、车、路高效协同。从长期来看，未来无人驾驶汽车做出智能决策时，会模仿人的行为模式。

高效便捷的人机交互，可以给用户带来更为良好的出行体验，对推进无人驾驶市场化具有十分积极的影响，在人机交互缺失的情况下，汽车是很难充分理解人的需求的。

（2）智能控制系统改善出行体验

车辆智能决策是无人驾驶汽车性能的重要考核指标，通过传感器等设备获取的数据将会由处理器进行处理，应用数据模型与智能算法可实现决策最优化。当然，这种智能算法应该具备自主学习、自我完善能力，这样才能满足无人驾驶汽车在多种驾驶场景中的实际需要。无人驾驶汽车将通过海量数据的实时分析，进行路线规划、换道、避障、停车等决策，自动化控制是决策指令的执行者，可让汽车做出一系列的行为动作，比如加减速、转弯、避障等，对人的出行体验有直接影响。

在诸多交通事故中，人为因素引发的交通事故占据相当高的比重，因为人会感到疲劳，在声音、图像等外部因素刺激下会产生心理波动，从而出现人为操作失误，威胁人身与财产安全。而基于无人驾驶技术的智能控制系统能够长期保持客观、冷静，不会有疲惫感，能够有效降低人为交通事故数量。

（3）防抱死制动系统减少交通事故

防抱死制动系统（ABS）是相对成熟的驾驶辅助系统之一，应用十分广泛。未配备防抱死制动系统的车辆遇到突发事故紧急制动后，轮胎可能会被锁死，从而使汽车侧滑，有经验的驾驶人可以通过反复踩踏制动踏板来避免轮胎锁死，然而大部分驾驶人在这短短几秒内很容易手忙脚乱，将加速踏板当成制动踏板的大有人在。而当汽车配备防抱死制动系统后，遇到突发事故时，由于该系统对轮胎状态进行实时监测，可以在轮胎将要锁死前及时采取有效措施，降低交通事故发生的可能性。

（4）牵引或稳定控制系统支持车辆自主行进

牵引或稳定控制系统也是一种得到大规模应用的驾驶辅助系统。和防抱死制动系统相比，该系统更为复杂，能够对路面状况、车速、行驶方向、关键部件运行状态等信息进行实时监测，当发现汽车有可能出现失控并发生翻车时，将及时采取有效措施，保障驾驶安全。

（5）各系统交互真正实现无人驾驶

交通信息采集系统、信息处理分析系统和信息发布系统和无人驾驶存在密切关联。其中，交通信息采集系统建立在卫星定位技术，以及包括红外雷达检测在内的多种技术基础之上；信息处理分析系统则通常要用到地理信息应用系统、专家系统等；信息发布系统对移动互联网、手机终端等媒体技术有较强的依赖性。

美国、日本等发达国家凭借在计算机控制、网络技术、定位导航、人工智能等领域的领先优势，在打造以无人驾驶技术为核心的智慧交通系统方面率先发力，无人驾驶汽车项目大量涌现。

3.1.3 无人驾驶汽车对城市交通流带来的影响

近年来，随着城市人口及私家车的数量越来越多，城市交通拥堵问题越来越严峻。为了做好城市道路网络规划，让城市道路建设规模与形式更加合理，人们开始对城市交通效率及其影响因素进行分析。影响交通流的因素非常多，无人驾驶汽车在其中发挥着什么样的作用呢？

在很多地区，在道路数量及其他因素的影响下，交通容量十分有限。无人驾驶汽车实现了自动驾驶，可缩小车辆之间的距离，保证车辆行驶安全，减少交通事故发生，增加道路交通容量，提升道路通行能力。

◇ 为什么无人驾驶汽车可以提升道路通行能力

无人驾驶汽车对道路通行能力有着极为正面的影响。

据资料显示，无人驾驶汽车的平均行驶速度比人工驾驶的平均行驶速度要快很多，所以，无人驾驶汽车在所有行驶车辆中的占比越高，相对来说，道路的通行能力就越强，城市交通的拥堵指数也就越低。

无人驾驶汽车不需要驾驶人，并且在行驶途中遇到突发情况时，无人驾驶汽车可以做到驾驶人做不到的即时反应，从而减少了交通事故发生的概率。

◇ 对不同路段引入无人驾驶汽车的分析

路网密度不同的地区有不同的解决方案。影响道路通行能力的因素很多，如果不对道路做根本性改变，随着无人驾驶汽车的占比不断提升，道路的通行能力会受到显著影响。为深入了解这种影响，有机构做了相关研究，研究结果如下：

首先，在通畅路段，在无人驾驶汽车的占比小于54%的情况下，道路通行能力增长速度存在边际效应，即随着无人驾驶汽车占比不断增加，道路通行能力的增长速度会不断减慢；在无人驾驶汽车占比大于54%的情况下，随着无人驾驶汽车占比不断增加，道路通行能力的增长速度会加快，但考虑到无人驾驶汽车的制造价格，无人驾驶汽车不适合在这种道路上投放。

其次，在一般通畅路段，无人驾驶汽车占比为40%的情况下，无人驾驶汽车对道路通行能力的影响最大，随着无人驾驶汽车占比不断提升，这种影响会越来越弱。所以，这种路段可以引入无人驾驶汽车缓解交通压力。

最后，在极易发生拥堵的路段，在无人驾驶汽车占比达到45%的情况下，路段通行能力最强。随着占比不断提升，路段通行能力会有所下降。造成这种现象的原因在于：道路最大通行量使车流量无法增长，对于这类路段，交通管理部门可以专设无人驾驶汽车车道以缓解交通压力。

将拥堵路段与实际地图放在一起进行对比可以发现，城镇中心的车流量最大，尤其是周边道路密集的主干道的交叉口，在这些路段开放无人驾驶汽车车道可有效提升这些路段的通行能力，从而解决交通拥堵问题。

3.2 基于无人驾驶的智慧交通管理模式

3.2.1 自由出行与共享模式的深度融合

无人驾驶汽车想要取代人工驾驶汽车，不但要破解物联网、大数据、云计算、传感器、人工智能等技术壁垒，还要在城市规划调整、交通规则完善、监管体系建设等管理方面有所突破，从诸多行业的发展实践来看，技术和管理二者相辅相成，只有二者协同发展，无人驾驶汽车才具备大规模推广普及的可能。

在探索与无人驾驶汽车相匹配的交通管理模式方面，若待无人驾驶技术完全成熟时再进行探索则已经为时已晚，而且规划、建设、监管等方面的落后会给技术发展带来诸多限制。比如，在无人驾驶汽车上路方面设置较高门槛，导致其无法进行道路试验，将会给无人驾驶技术的发展带来重大阻力。

世界各国目前已经认识到了智慧交通管理模式的重要价值，比如，2014年8月，新加坡政府成立新加坡自动驾驶道路交通委员会，从货运、固定路线、点到点运输、公共设施运行四个方面对无人驾驶汽车的发展提供指导与帮助。

(1) 货运：通过自动驾驶货车车队完成货物运输及交付。
(2) 固定路线：在城市内及城市间的公共交通线路上提供交通服务。
(3) 点到点运输：通过汽车共享满足点到点出行与短程出行需求。
(4) 公共设施运行：提供植物灌溉、垃圾收集、道路清洁等公共服务。

2017年12月，北京市交通委联合市公安交管局、市经济信息委等部门，发布了《加快推进自动驾驶车辆道路测试有关工作的指导意见》和《自动驾驶车辆道路测试管理实施细则》两个指导性文件，这无疑将会对无人驾驶技术与管理模式的进一步发展产生十分积极的影响。

交通管理模式的建立应该基于人们的出行方式，智慧交通模式不仅要凸显其人性化、智能化，也必须与人们的出行方式充分结合。从出行用户数量角度上看，我们可以将人们的出行方式分为两大类：

（1）自由出行。在自由出行模式中，个体出行者拥有出行工具完全独立的支配权和使用权，可以自由使用出行工具并分配其内部空间设施，从而满足人们的个性化出行需要。

（2）共享出行。在共享出行模式中，两名及以上出行者共同使用一个出行工具，彼此相互影响，内部空间设施分配受到一定约束，还会涉及一定的隐私保护问题。严格意义上讲，仅个体的自驾出行才算是自由出行。

在自由出行和共享出行之间还存在一种特殊情况，当人单独乘坐出租车时，出租车司机和出租车一样都是服务提供者，并非是共享用户。而出租车司机本身是有独立意识的人，乘客不能忽略其存在，自由将会受到一定限制，如果遇到心术不正的司机，乘客的人身与财产安全可能会受到损害。

自由出行的优势主要体现在便捷、安全、舒适方面，而共享出行的优势主要是低成本、绿色环保，可以有效减少城市汽车总量，缓解交通拥堵、停车难问题，提高资源利用效率。在具备一定经济条件的情况下，大部分人更倾向于选择自由出行，共享意识有待提高。

从出行工具所有权角度看，人们的出行方式又可以分为私家车出行和公共出行两类，当人们所乘车辆所有权不属于自己时，就属于公共出行，如出租车、网约车、公交车、地铁、通勤车、旅行车、搭乘家人或好友的私家车等。

人工驾驶状态下的公共出行以及两名及以上人员共同乘坐一辆私家车的出行方式，都不属于自由出行的范畴。在无人驾驶技术发展成熟后，乘坐无人驾驶出租车将类似自驾出行，成为真正意义上的自由出行。

也就是说，无人驾驶出租车将实现自由出行和公共出行的深度融合，让人们在享受自由出行的方便、舒适、安全优势的同时，还能获得公共出行低成本、绿色环保的优势。考虑到无人驾驶汽车在发展初期，价格相对高昂，受众群体有限，而无人驾驶出租车则能够降低人力成本，其率先在市场中得到大规模应用就成为一件很自然的事情。

3.2.2 无人驾驶出租车与自由出行模式

2016年8月,新加坡出租车创业公司nuTonomy在新加坡对自动驾驶出租车进行试运营,符合条件的乘客可以通过智能手机获取服务。试运营阶段投入了6辆无人驾驶出租车,有12名乘客获得体验资格,出租车行驶范围被限制在2.5平方英里(6.47平方千米)的商业住宅区内,乘客需要在特定地点上下车。在nuTonomy的规划中,未来随着越来越多的无人驾驶汽车在新加坡投入使用,新加坡汽车总量将从90万辆降低至30万辆。2017年10月,德尔福派克电气公司宣布以4.5亿美元价格完成对nuTonomy的全资收购。

对于新加坡这种规模较小、经济发达的国家而言,无人驾驶出租车推广的难度相对较低,其应用将给人们的出行带来诸多便利,对改善交通拥堵具有十分积极的影响。需要指出的是,公共交通是新加坡交通系统的核心组成部分,应用无人驾驶出租车并非是要完全取代传统出租车,而是对其进一步完善。在新加坡发布的未来交通发展规划中,预计到2025年,公共交通将负责新加坡高达75%的高峰时期出行服务。

不仅是新加坡,Uber等企业在加利福尼亚州、密歇根州、匹兹堡等多个地方进行了无人驾驶汽车测试,尝试推出无人驾驶出租车服务。尤其是对于Uber这种网约车公司而言,应用无人驾驶出租车后,平台能够为人们的日常出行定制设计完善的出行方案,智能系统将对车辆资源进行高效配置。更为关键的是,结合大数据、云计算技术对人们的出行需求进行有效预测,有针对性地调整运力资源在不同地区的配置,可以更好地满足高峰出行需要,降低空载率。

滴滴研究院和优达学城、知乎合作举办的算法大赛宣传语中有这样一句话:"改变世界的梦想就此可以实现,你的算法将被用到真实的出行世界,也许某天你可以说'在这座城市,你坐哪辆车,得我的算法说了算'。"如果无人驾驶出租车能够得到大规模推广普及,人们将不再需要选购、维修、定期保养私家车,免去了停车难、投车险、堵车、途中故障与事故等各种问题,这与人们向往的美好生活高度契合。

儿童、老人、残疾人及未拥有驾驶证的人,也可以通过无人驾驶出租车享受自由出行，届时私家车将会大量减少，更加有助于保护环境、减少交通事故、提高出行效率与体验。

科学研究发现，如果无人驾驶出租车能够晋升为城市机动运输的主要方式，同时对私家车数量进行严格限制，城市车辆总量将减少近50%，减少40%的停车空间占用，事故发生率降低约90%，如果将无人驾驶汽车升级为电力等新能源汽车，汽车尾气排放量将降低约80%。在这种情况下，城市将有更多的空间用来提高居民生活质量，比如，设置更多的公园、足球场等公共休闲设施，拓宽自行车车道等。

挪威首都奥斯陆为了解决城市中心空气污染问题，在2019年前实现市中心"0私家车"；西班牙马德里宣布到2020年将禁止汽车进入该市市中心大约2平方千米的范围。当然，为了满足人们的个性化出行需求，私家车在相当长的一段时间并不会消失，不过想要体验驾驶私家车一般的自由出行并不一定需要通过购买私家车来实现，未来，可能会出现一些提供长期租赁无人驾驶汽车的服务商。

无人驾驶出租车有助于让大众以较低的成本享受优质的出行服务。在中国、印度、新加坡等亚洲市场，拼车受到了大量民众的喜爱。在经济发达的英国、法国、德国等欧洲市场，人们对拼车的接受度则相对较低。不过，不同年龄的群体对拼车接受度存在一定差异。在针对欧洲市场进行的拼车意愿调查中，有45%的30岁以下受访者表示愿意拼乘出租车，仅有22%的50岁以上中老年人愿意接受拼乘出租车。

出行成本对大众拼车意愿存在较大影响，当无人驾驶出租车出行成本为20美元时，仅有11%的受访者愿意拼乘无人驾驶出租车；而无人驾驶出租车出行成本降低50%至10美元时，愿意拼乘无人驾驶出租车的受访者比例提升至37%；当无人驾驶出租车出行成本进一步降低75%至5美元时，愿意拼乘无人驾驶出租车的受访者比例提升至52%。此外，很多受访者在接受调查时主动询问车内有无玻璃隔板、摄像头等人身安全设施，并表示如果能够做好这些，他们会更愿意拼乘无人驾驶出租车。

之所以用出租车这种较小的车型，而不是大型公交车，更多的是因为车辆小型化、分散化，对满足个性出行需要、提高道路顺畅性、疾病防控、安全反恐等有颇为积极的影响。

有些人表示公交环境能够促进人际交往，然而事实上，除了那些商贸会谈及亲友旅行等少数情况外，人们在出行中更多的是自娱自乐、休息，而不是和没有交集的陌生人闲聊。所以，类似大型公交车这种场景，不但不会促进人际交往，还会影响人们的出行体验。

未来，随着城市发展水平不断提升，无人驾驶的出行成本降至较低水平时，将会有越来越多的人选择拼乘或独立乘坐小型无人驾驶出租车。

3.2.3 基于车路一体化的智慧交通管理

从出行方式角度看，探索智慧交通管理模式迎合了以人为本的发展理念，不过，打造完善的智慧交通管理模式，仅考虑消费者是远远不够的，还需要考虑政府部门、制造商、经销商、运营商等多个参与主体。从无人驾驶汽车的研发设计到投入运行是一个庞大而复杂的系统工程，需要各方协同交互。

车与车、车与路、车与人等之间的沟通交互需要有统一的行业标准，同时，交通大数据潜在价值的深度发掘仅靠一个互联网出行平台或车企是远远不够的，需要企业资源共享、深度合作。此外，车辆质量、交通事故等问题界定尚未清晰，呼声较高的观点是让车企承担无人驾驶汽车车辆制造与道路运营整个过程的一体责任。

在这种情况下，一个车企将负责车辆研发、配置，道路建设、管理，最终建立一套车路融合、一体运营的智慧交通产业模式，为城市交通发展提供强有力支持。

对于研发、生产无人驾驶汽车的车企而言，积极向产业链上下游延伸、拓展是很有必要的，这有助于提高产业链价值创造能力，降低成本与风险。百度充分发挥其资源整合优势，和政府部门、零部件厂商、出行服务商、整车制造商、行业协会等深度合作，力图建立并完善"智慧出行"生态，让广大民众享受到更为方便快捷的交通出行服务。

2016年8月，硅谷技术公司Velodyne宣布旗下激光雷达公司Velodyne LiDAR得到百度和福特投资，投资总额高达1.5亿美元。资本的加持，使激光雷达产品价格明显降低，得益于Velodyne LiDAR的强大供应能力，Velodyne 64线激光雷达的供应价格降低至50万元，而此前这一数字为70万元，Velodyne LiDAR发言人指出，当64线雷达的订单量达到百万级别时，其成本将会降低至500美元。

也就是说，价格有望不再成为限制激光雷达销售的重要阻碍，无人驾驶商业化进程将进一步加快。目前，很多传统车企为了抢占风口而投资无人驾驶创业公司。为了保障无人驾驶汽车的安全性、增强管控能力，未来，一定区域内的无人驾驶汽车服务供应及运营管理将由一家企业负责。在这种情况下，无人驾驶汽车企业要争取的目标客户将不再是个体消费者，而是城市、地区甚至是国家，从行业竞争视角看，这将有助于减少产业内耗，建立以行业外部竞争和区域间竞争为主的行业竞争格局。

从技术角度出发，无人驾驶安全性提升至大规模应用水平是可行的，不过在达到一定水平后，比如，将安全性从80%提升至99%后，再想要从99%提升至99.99%是相当困难的。确实，大数据技术的数据分析能力，以及云计算技术的运算能力，可以超越人类，但新问题层出不穷，而且解决问题要对情感、道德、伦理、法律等多种因素进行综合考量，不能仅从技术角度设计解决方案。

长期来看，无人驾驶进入商业化阶段后，在相当长的一段时间里，不能将安全保障完全交由无人驾驶汽车与系统负责，而是应该结合分类用车、分道出行等更为可靠、安全的辅助手段。

◇ **分类用车**

分类用车将会结合实际场景需求特性，对无人驾驶汽车进行差异化研发设计与运营管理。从不同角度出发，无人驾驶汽车存在多种分类方式：

（1）从行驶区间角度出发，可以将其分为城市内部低速运行的短途车和城市间高度运行的长途车。

（2）从荷载对象角度出发，可以将其分为服务于人们出行的客车以及服务于货运的货车。

（3）从乘车人数角度出发，可以将其分为单人车、双人车及多人车。

（4）从不同用户角度出发，可以将其分为警车、商务车、公务车及家庭车。

（5）从特殊场景角度出发，可以将其分为急救车、消防车、能源补给车及工程抢险车。

分类用车对降低资源浪费、控制成本、提高服务质量具有重要价值。比如，那些在城市内部低速运行的短途车仅需要对本地地图进行实时更新即可，这有助于保留更为详尽的当地交通信息，同时，可减少数据总量，提高汽车系统运行速度；对于市内短途车和城际车，可以采用不同的设计方案，在轮胎、照明、车身材料、传感器等方面进行差异化设计，以减少资源浪费，提高资源利用率。

对车辆运行区间进行界定后，区域内的汽车规模将得到有效控制，可以提高交通运行效率与质量，减少交通拥堵与交通事故。随着移动支付的推广普及，再加上收费政策的改革，未来，道路收费站将不复存在，而是被服务于用户换乘及货物转运的中继站所取代。

未来，不需要乘客或行李下车即可完成转乘或转运，比如，高铁进站后不停车，旅客也能上下车。对于那些乘坐无人驾驶汽车的用户而言，在乘车过程中遇到交通事故或拥堵导致前方路段无法通过时，对向行驶的乘客将不必原路掉头返回，而可以通过互换车辆继续前往目的地。

◇ 分道出行

分道出行将为行人、自行车、电动车、私家车、公交车等不同车辆设置相应的出行通道，将其行驶路线控制在通道范围以内。目前，高速公路、轨道交通已经基本实现了分道出行，在无人驾驶汽车应用初期，为了提高安全性、降低事故的负面影响，为无人驾驶汽车设置专用通道是很有必要的。

未来，当交通路口取消红绿灯设计时，人车分道将是必然选择，因为普通人很难判断无人驾驶车辆行驶路线，同时，无人驾驶汽车系统也很难在大量不规则的人流中找到规律。确实，随着物联网技术的广泛应用，未来，行人可以和无人驾驶汽车交互，但车内的乘客未必愿意妥协，从而可能引发不必要的矛盾纠纷，人车分道将有效解决这一问题。

此外，无人驾驶汽车和人工驾驶汽车行驶在同一条道路上时，由于具备统一调度功能的智慧交通中心系统对人工驾驶汽车缺乏足够的约束力，很可能导致指令得不到真正落地，这绝不是人们希望看到的结局。

3.2.4 世界各国对智慧交通的政策

在不同城市推进无人驾驶落地应用，发展智慧交通过程中，必然会出现差异化的发展路径，部分城市可能需要付出更高的试错成本，这将会给大众、产业及城市管理者带来不同的影响。无人驾驶汽车的经济效益与社会效益是惊人的，然而一个新业态的发展，必然会影响传统业态，无人驾驶汽车产业亦是如此，其发展会影响传统车企、出租车公司、驾驶学校等多方利益。

各城市必须找到一套能够协调各方利益的有效解决方案，尤其是相关法律法规的完善其扮演的角色尤为关键。各国政府目前正在不断试错，以试点城市的方式探索行之有效的解决方案。比如，美国交通运输部推出"智慧城市挑战赛"，征集让城市交通更为安全、可靠、便捷的自动化交通发展方案，并为那些取得一定效果的城市提供资金支持。

瑞典政府推出了"驾驶瑞典"战略创新计划，为瑞典交通打造覆盖自动化运输的新型交通模型。芬兰交通运输部针对无人驾驶出租车测试研究法律框架，并成立工作组负责引导推进。美国、法国、荷兰、奥地利等诸多国家相关职能部门也在这一方面做出了一系列探索。

我国政府对发展无人驾驶与智慧交通格外重视，为之制定了发展路线图，比如，在《中国智造2025》中强调："到2020年，掌握智能辅助驾驶总体技术及各项关键技术，初步建立智能网联汽车自主研发体系及生产配套体系。到2025年，掌握自动驾驶总体技术及各项关键技术，建立较完善的智能网联汽车自主研发体系、生产配套体系及产业群，基本完成汽车产业转型升级。"

我国交通出行需求规模庞大，推进新能源无人驾驶汽车的应用不但可以更好地服务广大民众，更有助于减少资源浪费，而且让政府有更多的资金投入到提高教育、改善民生等方面。

未来，我国政府需要对无人驾驶产业发展给予大力支持，从顶层设计高度上为无人驾驶技术研发与落地应用提供指导与帮助，引导传统车企和互联网企业深度合作，共享数据、技术、人才等资源。与此同时，加快出台无人驾驶相关法律法规，为无人驾驶汽车测试、运营及管理提供有力支持，将条件相对成熟的城市作为试点，探索行之有效的落地解决方案。

无人驾驶作为世界各国关注的焦点，虽然它仍处于初级发展阶段，但其价值已经得到了充分证明，是建设智慧交通、智慧城市的重要组成部分，展望未来，其影响绝不会局限于交通产业，而是会在信息、管理、社交、生活、政治、文化、能源、军事等诸多领域爆发出惊人能量，深刻改变人们生活与工作的方方面面，在这场前所未有的巨大浪潮面前，我们要立即行动起来，争取通过率先布局，夺得发展先机。

3.3 无人驾驶从概念到落地的关键因素

3.3.1 安全：无人驾驶发展的必然归宿

人们对安全的追求刺激无人驾驶需求高速增长。根据世界卫生组织发布的数据，在全球范围内，每年大约有120多万人因道路交通事故丧生。在我国，人为原因造成的交通事故占到了93%，平均每天有500人在交通事故中丧生。随着无人驾驶汽车的出现，传统的"人—车—路"三元控制方式将转变为"车—路"二元控制，不可控的驾驶人将被淘汰，真正实现"零违章"，从而使交通系统运行效率与安全得以大幅提升，使交通事故的发生频率大幅下降，以切实保证行车安全。研究表明，汽车配备自动制动系统后，追尾事故发生率可降低40%；如果所有机动车都安装自动制动系统，每年的交通事故可减少70万起。

无人驾驶发展的前提就是安全。因为无人驾驶尚处在试验与完善阶段，其安全性、可靠性还未得到人们的普遍认可。比如英国监管部门要求无人驾驶汽车上路必须有人监控，必须可以随时切换到人工驾驶模式；德国计划发布一系列有关自动驾驶汽车的监管政策，包括要求无人驾驶汽车必须配备方向盘，安装类似于民航飞机的黑匣子，以便在发生车祸后，有关调查人员可以根据黑匣子对事故发生原因进行分析，明确各方责任。

瑞典的沃尔沃公司曾做过一项调查，调查结果表明半数以上的消费者支持自动驾驶汽车安装方向盘，80%的消费者表示如果自动驾驶汽车发生事故，厂商应承担责任进行理赔，因为事故发生原因在于自动驾驶系统故障。事实上，如果无人驾驶汽车在行驶过程中遇到突发情况，用户不相信自动驾驶系统能做出有效应对而与之争抢控制权很有可能造成极其严重的后果。因为在无人驾驶汽车自动驾驶的过程中，驾驶人往往比较放松，没有留意行驶状况，面对突发情况很有可能做出错误的判断，将自己置于危险之中。

面对这种由人车争夺控制权造成交通事故的情况，交通部门很难确定责任方。反之，如果要求驾驶人在无人驾驶汽车行驶的过程中始终保持警惕，随时准备切换到人工驾驶模式，还不如直接采取人工驾驶。这种"可人可车"的设计让无人驾驶变得毫无意义，而且还增加了驾驶人的思想负担，自由行驶、舒适驾驶的愿望全部落空。

再者，从本质上讲，这种"可人可车"的设计是对无人驾驶的安全性不负责任的表现，有人工驾驶这条"后路"，相关人员就不会专注于无人驾驶安全问题的解决，无人驾驶汽车设计和制造的统一标准也无法在短时间内构建起来，用户安全得不到有效保障。

2016年5月7日，启动自动驾驶辅助系统的特斯拉Autopilot在行驶过程中与一辆白色的拖挂货车相撞，Autopilot顶部彻底毁坏，驾驶人当场死亡。对于这一事故，特斯拉的解释是在蓝天背景下白色货车没有被识别出来，而且从Autopilot的视角看，拖挂货车侧面悬浮在地面上，导致Autopilot系统出现了误判，没有启动自动制动，导致两车相撞。同时，因为车辆碰撞的位置位于Autopilot的风窗玻璃处，碰撞安全系统的作用没能发挥出来，导致驾驶人当场死亡。

这场事故引起了轩然大波，特斯拉称传统汽车平均每行驶9 400万英里就会发生一起致命的交通事故，而这起交通事故发生时Autopilot自动驾驶辅助系统已行驶1.3亿英里。另外，特斯拉还强调，无人驾驶技术在不断发展，Autopilot并不完美。那么，对于这场事故，究竟谁该担责呢？有人认为责任方是特斯拉，有人认为责任方是注意力不集中的驾驶人，还有人认为责任方是传感器供应商Mobileye。人们对无人驾驶交通事故的这种认知不由地让人想起特斯拉与爱迪生的交流电大战。

1880年，特斯拉发明了全球首台交流电发电机，爱迪生发明了电椅，目的在于让人们认识到交流电的危险。后来，两人经过激烈的交锋，特斯拉的交流电占据上风，为人类文明的发展做出了突出贡献。由此可见，所有新生事物都是一个利弊共生体，没有绝对的好与坏。所以，面对新生事物——无人驾驶汽车，我们应把握发展潮流，不能因为一次意外事故的发生就将其全面否定。

那么，要如何解决无人驾驶汽车的安全问题呢？

为减少无人驾驶汽车行驶过程中交通意外事故的发生率，无人驾驶汽车生产企业要建立严格的车辆定期返厂检修制度和行车应急处置服务制度，尤其要建立"双系统"控制模式解决车联网可能被人为破坏的问题，比如黑客入侵、病毒破坏等。"双系统"中的主系统是指联网的开放系统，副系统是指独立的封闭系统。无人驾驶汽车在正常行驶过程中由主系统控制，副系统监视，一旦驾驶人发现主系统被破坏，就可以立即切换到副系统，保证车辆正常行驶，在驾驶人及乘客安全下车之后将车辆送到维修机构进行修理。

如果在主系统被破坏时驾驶人没有发现异常，比如系统代码被篡改，发现前方障碍物时没有绕行而是撞击上去，驾驶人很有可能来不及切换系统，从而发生交通事故。所以，无人驾驶汽车的生产企业与研发人员必须强化系统防护，同时防护内部故障及外部病毒带来的危害，也就是说，车辆生产企业必须为无人驾驶汽车安装防护软件，让车辆能够自动检测、发现故障、查杀病毒，并对因防护不当造成的交通事故负责，以免用户权益受损。除此之外，无人驾驶汽车生产企业还应保证车辆内外难以拆解、改变，防止用户及他人人为破坏车辆，切实提升车辆的安全性能。

此外，如果交通部门规定无人驾驶汽车必须可以随时切换为人工驾驶模式，那么最适合引入无人驾驶汽车的公共交通企业及出租车企业将面临新的问题，因为如果企业不为无人驾驶汽车配备专职驾驶人，就必须事先检查用户驾照、是否饮酒、是否吸毒等，整个环节不仅没有简化，反而变得愈加烦琐，无人驾驶汽车追求便捷的愿望可能要落空。

综上所述，交通部门不应做出"无人驾驶汽车必须可以随时切换为人工驾驶模式"的规定，否则就会导致整个行业标准不明、责任不清，使行业发展陷入混乱、尴尬的局面。要想实现无人驾驶的终极发展目标，交通部门必须改革现行的交通制度，明确无人驾驶汽车制造厂商、无人驾驶系统软件商、无人驾驶公交公司的责任及保险公司的赔偿责任，让用户可以放心乘车。近期，美国联邦政府和部分州政府肯定了无人驾驶的合法性，谷歌无人驾驶汽车得到了美国高速公路安全管理局的肯定。也就是说，之前"无人驾驶汽车必须配备方向盘和制动踏板"的这一规定已然失效。

未来，无人驾驶汽车不再有方向盘、制动踏板、仪表、操控杆、观察镜等设备，而是会配备全景式门窗、3D大屏幕、宽敞可开放的车厢、移动通信办公设备等，届时，车辆将成为人们生活空间的延伸，人的时间、精力将彻底解放，投入到更有意义、更有价值的事情中去。

3.3.2 性能：真正实现无人驾驶的落地

随着用户对无人驾驶汽车爆发出巨大的需求，无人驾驶汽车将快速进入人们的生活，成为人们日常生活空间的重要组成部分，成为最重要的交通工具。届时，纯电动无人驾驶车的功能将愈发完善，不仅可以在路上行驶，还可以直接驶入办公楼、居民楼，甚至可以驶入房间，成为用户的办公间、休息室、会客室，还有可能成为功能齐全的"房车"。

更有甚者，办公区、居民区也有可能演变为巨型的"房车"，像套娃一样层层嵌套，大车套中车，中车套小车，催生出无限变化。当然，纯电动无人驾驶车也可以露天停放，一边利用太阳能充电，一边继续为用户提供行驶外的服务。

无人驾驶汽车频繁进出较小的空间极有可能发生剐蹭、碰撞，在行驶过程中也极有可能发生撞击，为减少剐蹭、碰撞，缓冲意外撞击造成的伤害，新概念车借鉴碰碰车的理念使用韧性极强的柔性环保材料做车身。传统的金属车身固然坚固、美观，但环保节能性差，不耐腐蚀，隔声不好，安全性较差。采用新型柔性材料制作车身可赋予车身诸多变化，打造伸缩车、变形车、水陆空三栖车等多种车型。

使用柔性材料制作车身，车身的存储、组装、运输会更加方便，再加上纯电动无人驾驶车的结构比较简单，车辆制造将变得更加容易，从而使车辆制造成本大幅下降。可以想象的是，不久的将来，全世界各条道路上都将出现外观迥异、大小不同的纯电动无人驾驶车——宽敞的车厢、丰富且完美的功能、更贴近自然的设计、较低的价格、较强的灵活性与抗灾能力，无人驾驶汽车将媲美住房，甚至比传统住房更受人欢迎。

此外，无人驾驶汽车也需要解决能源便利性的问题。比如纯电动无人驾驶车无需人工操控就能找到充电桩提前完成充电，或利用闲暇时间进行充电，乘车用户可利用充电时间处理其他事务，所以即便目前纯电动无人驾驶车还无法实现快充，也不用担心用户会浪费时间。如果是燃油无人驾驶汽车，车辆自动到加油站加油，没有乘客在场还可以减少安全隐患。另外，在无人驾驶环境下，充电站可减少充电桩的设置,以降低基础设施建设费用及维护成本。

在续驶里程问题方面,虽然相较于汽油车来说,纯电动无人驾驶车的续航能力较差,但因为纯电动无人驾驶车的能源安全性更高,操作能力更强,可在行驶过程中完成移动式充电,就像飞机空中加油一样。需要进行移动式充电的无人驾驶车可以向专门的充电服务车求助,也可以向同行的其他纯电动无人驾驶车求助。

充电方式可以是直接更换电池,也可以是车对车对接充电。在行驶途中进行移动式充电的主要是私家车,公交车、出租车可以对行驶路程及电量进行计算,适时安排乘客换乘即可。

3.3.3 体验:满足用户的生活娱乐需求

◇ 外观造型、空间布局与基本功能的优化

在无人驾驶状况下,驾驶人的身体姿态可更加放松,不仅可以采取坐姿,还能采取卧姿、站姿等。为满足驾驶人的这种需求,车厢必须加高、加大,车内座椅要增加收放功能,座椅可以供驾驶人靠坐,还能放平变成一张床供驾驶人躺卧,甚至还能折叠起来让驾驶人自由站立。升高、加宽的车厢门可以采取"步入式"设计,相较于传统轿车的"坐入式"要方便很多。另外,车厢内可以摆放小型折叠桌,打造一个简单的办公空间。

为节省能源、降低出行成本,无人驾驶车制造商可根据用户需要设计单人车、双人车、多人车等多种车型。事实上,单人无人驾驶车必将备受上班族的欢迎。单人无人驾驶车可以设计成单排的宽轮车,外观酷似带篷的大号摩托车,不仅节省空间,行驶起来更加灵活,而且节能环保。多人无人驾驶车可以进一步划分为能共享空间的大巴、中巴和空间极具私密性的豆荚车。因为无人驾驶车是按照统一标准设计出来,所以可以像火车一样进行拼接,组成一个内部空间连通的大车。如果要运输的物品比较多,还可以请其他无人驾驶车帮忙,组合在一起,扩大车内空间。

另外,以行驶环境与任务为依据,无人驾驶车还可以分为短途车和长途车。其中短途车主要在市内行驶,速度不宜过快,功能不宜复杂,但要有较强的综合感知能力。长途车主要行驶在城际高速公路上，速度可以设计为高速，功能要适当丰富，综合感知能力可以稍微削弱。这种车辆分工可节约资源、降低成本。

◇ **基于车联网提供通信办公和生活娱乐服务**

在无人驾驶环境下，驾驶人无须亲自驾驶，可以利用乘车时间做其他事情。根据美国交通运输部门估算，每人每天大约有 52 分钟花费在上下班的路上。在无人驾驶车中，人们可以更有效地利用这些时间。如果无人驾驶车的车厢足够大，行车时间足够长，且配备了必需的信息化设备，就可以打造一个舒适的办公空间，让移动办公和移动居家成为现实，真正实现"车即服务""车即生活"的设想。

如此一来，对于用户来说，无人驾驶车也涉及隐私保护问题，如果是公务人员还可能涉及国家安全问题。为保护个人隐私、国家安全，无人驾驶车可使用非实名支付方式。同时，用户在乘车期间可关闭手机的定位功能，在使用移动互联网时不要实名认证，甚至可以在乘车期间切断网络连接。采取这些操作之后，即便仍处在车联网的监控下，车辆与用户本人也不会发生实名对应，用户隐私可得到极大的保障。另外，在行车期间，用户还可手动关闭车内的摄像装置，以免泄露隐私。

当然，用户采取这些措施就意味着屏蔽了安全监控，一旦发生意外事故，交通部门便无法迅速做出处理。无人驾驶车切断网络连接后就变成了真正意义上的"黑车"，既不能接收到指挥中心发送的指令，行驶意图也无法反馈到指挥中心，指挥中心只能通过道路两边的监控及周边的车辆提供的信息对其进行监控。为保证车辆安全，指挥中心、管理部门必须对公交车、出租车等交通工具保留一定的监控权，并采用自动检测技术及时发现危险物品及遗失物品，保证乘车安全，为乘客寻回物品提供方便。

第4章 无人驾驶技术在城市轨道交通中的应用

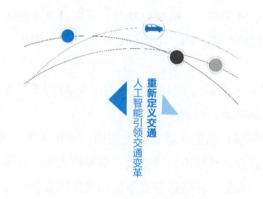

重新定义交通
人工智能引领交通变革

4.1 无人驾驶技术在城市轨道交通领域的应用

4.1.1 无人驾驶在城市轨道交通中的应用概况

1. 无人驾驶技术的优势

(1) 应用无人驾驶技术的城市轨道交通系统能够自动完成列车唤醒、休眠、清洁、停车、驾驶、开关车门、故障修复等，可以设置常规运行、降级运行、运行中断等差异化的运营模式，满足不同场景中的个性化需要，提高运行安全性与乘坐体验。

(2) 无人驾驶列车起动、制动更为平稳，可以为乘客带来优质出行体验，而且车速较快，能够降低人们的出行成本。

(3) 无人驾驶的城市轨道交通具有更高的自动化水平，可以显著降低人力、物力成本。确实，建设这种城市轨道交通系统要投入更高成本，但其对提高城市轨道交通运行效率与质量，降低运营成本的积极作用是显而易见的。

2. 国外无人驾驶技术在城市轨道交通的应用概况

(1) 巴黎地铁 1 号线。该线路早在 1900 年 7 月便已通车，是当地最繁忙、最古老的东西向交通线路，全长 17km，有 25 个站台，经过凯旋门、卢浮宫、戴高乐广场、香榭丽舍大道等知名景点。2011 年，该线路应用了基于 Trainguard MT 安全和控制系统的无人驾驶列车。

(2) 西班牙巴塞罗那地铁 9 号线全长 41.4km，通过扩展频谱无线电实现数据实时传递，列车通过全自动无人驾驶系统实现自动驾驶。

(3) 日本名古屋爱知县修建了一套 HSST-100 型磁悬浮系统，线路长度为 8.9km，有 9 个站台，采用了 ATO（Automatic Train Operation，列车自动驾驶系统）无人驾驶运行模式。

3. 我国无人驾驶技术应用概况

随着我国经济发展水平不断提升，各地轨道交通系统建设进程明显加快，在高校、科研机构、企业等多方积极努力下，新型城市轨道交通技术大量涌现，尤其是无人驾驶技术在城市轨道交通领域的应用，对促进城市轨道交通系统提质增效、完善城市轨道交通网络、对接交通强国轨道交通系统标准等方面，都具有十分重要的现实意义。

目前，国内已经有相当数量的地铁线路应用了全自动无人驾驶技术，比如：

（1）北京轨道交通机场线。该线路全部采用全自动无人驾驶列车，能够结合客流量对列车运行策略及开行密度进行优化调整，同时，配备了较为完善的运行辅助系统，可以对列车进行实时定位，使列车进行自动折返，缩短列车运行间隔，提高载客能力。

（2）上海地铁10号线。该线路是国内首个应用无人驾驶技术的线路，列车加减速控制更为精准、不需要考虑司机派班计划，每天唤醒列车后会进行大量自检作业，具有更高的安全可靠性。

（3）北京轨道交通燕房线。该线路是首条我国自主研发的全自动运行地铁线路，也是继上海地铁10号线后第二条应用无人驾驶技术的线路，2017年年底一期工程开通，二期工程预计到2020年开通，列车运行平稳、高效，能够为乘客提供优质乘车体验，比普通列车降低10%～15%的能耗。

城市轨道交通运行在特定的轨道上，受行人及其他车辆的干扰较少，这为应用无人驾驶技术带来了诸多便利。其研究发展不但将会推动城市轨道交通日趋完善，更会为无人驾驶技术在交通领域的大规模应用提供宝贵的借鉴经验，使人类社会迎来无人交通时代。

4.1.2 城市轨道交通无人驾驶系统的功能特点

近年来，城市轨道交通的发展进程不断加快，相对应的配套技术也迅速更新。很多人口众多的一线城市承担着较大的客流压力，只能加快新线建设的进程，同时增加重要线路的班车数量与发车频次，这就要吸纳更多的乘务人员、司机等，无疑要加大成本投入。

另外，在增加发车频度的情况下，会增加人工作业的劳动强度，如果长时间保持繁重的体力劳动，容易因为疲劳问题出现安全事故。在这种形势下，城市轨道交通行业越来越关注无人驾驶技术。

总体而言，城市轨道交通无人驾驶系统的功能特点体现在以下几个方面：

（1）对列车的运行情况实现自动化控制，具体体现在列车起动、行车对准、障碍物识别、列车及屏蔽门监控、编组调整等诸多工作环节中，能够以智能化操作代替传统的人工操作，实现机电一体化运行。

（2）在节能的同时，提高行车效率与舒适度。以计划时刻表为参考，对列车的运行间隔、行走时长进行合理控制，利用计算机对牵引制动的冲击率实施有效控制，只在必要情况下进行加减速，从而达到节约能源的目的。在分析历史客流时空分布、实时断面客流变化情况、大客流预警信息的基础上，结合原有计划，对开行方案进行改动，保持列车运行间隔的合理性，必要时立即疏散乘客。

（3）使车辆、通信、信号系统的运营能够相互配合，并形成各个部分相对完善的子系统，充分发挥综合监控系统（ISCS）的作用，加强不同子系统之间的联系，在列车救援、设备故障处理等工作中发挥不同系统之间的协同作用。利用全网控制中心（COCC）结合ISCS，共同实施自动化网络运营，从整体上提高运营效率。

（4）开放人机监控接口与对应的界面，在列车保持正常运行状态时，为运营人员、乘客与维修部门发送相关信息，方便需求者查询、使用；如果出现异常情况，则自动启用安全程序并进行预警，明确影响程度，以自动化方式或配合技术人员找到问题根源，开放接口服务，方便维修人员介入。

4.1.3　无人驾驶对城市轨道交通的要求

（1）列车控制系统对安全性要求很高。作为无人驾驶系统的重要组成部分，列车控制系统负责多方面的安全控制，兼具多种功能，与人工驾驶系统相互配合。为了提高整体运行的安全性，要在实施安全分析的基础上应对相关问题。举例来说，在进行线路设计的过程中，要保证行车环境不受外界因素的干扰，并在后续发展过程中不断完善安全系统，通过传感器及时感知安全风险。

（2）由于无人驾驶系统中参与的人工数量有限，只有具备足够的安全性、可维护性、可靠性与可用性才能维持正常的运行。如果发生设备故障或紧急情况，则需用到远程监控系统对问题进行及时、有效的应对。此外，无人驾驶系统还要具备场景分析能力，能够及时出台应急预案。在出现异常情况时，预案的制订要综合考虑乘客的不同需求，将保障乘客的人身安全作为第一要务。

（3）基于通信的列车控制（CBTC）移动闭塞制式在无人驾驶系统中应用得较为普遍，而要保持系统的正常运行，最重要的是使用健全的网络系统。如果在作业过程中能发挥不同系统之间的协同作用，就更能突出体现健全网络体系的价值。

（4）无人驾驶系统是对传统人工管理方式的颠覆，要求城市轨道交通部门改变现有的建设方式，调整组织结构，积极学习国内外成功项目的有价值经验，依据我国城市的具体、特殊场景制订更加合理的规划方案，从各个方面促进无人驾驶系统的发展与完善，提高相关部门的管理能力。

（5）无人驾驶系统的建设，能够从多个方面促进城市轨道交通系统的发展，提高其自动化、智能化水平。除了用自动化操作代替司机操作之外，无人驾驶系统的价值还体现在主导层面上，要勇于突出传统理念的束缚，积极创新。在后续发展过程中，无人驾驶系统将着力应对客流、运营、故障检修、灾害处理方面的问题，利用大数据、人工智能技术提高运营策略，为乘客及其他交通运营的参与者提供优质的服务。

4.1.4　无人驾驶在城市轨道交通中的应用难点

1. 在线检测监测

监测车辆运行状态只是无人驾驶系统在线监测工作的一部分，除此之外，包括自动售检票系统、信号系统、乘客信息系统、火灾报警系统等在内的多个系统都在检测监测列车的运行状态。障碍物检测是无人驾驶系统不能忽视的一环，在进行检测的基础上，还要采取恰当的处理方式。现如今，接触式检测是业内普遍采用的检测方式，由于缺乏有效的非接触式障碍物检测，当检测到障碍物，就会通过紧急制动来应对，导致无人驾驶的效率难以提高。与此同时，要注重烟火检测与处理方式、反恐防暴监测与处理方式、异物入侵监测与处理方式，减少无人驾驶运行过程中的阻力。

2. 车辆自动连挂

如果列车在运行过程中遭遇突发情况导致抛锚，就要启动应急救援。在实施应急救援的过程中，要对抛锚列车与救援车辆进行连挂操作，人工连挂比较慢，且需要承担一定的安全风险，自动连挂则能够解决这个问题。然而，要想在救援现场快速完成抛锚列车与救援车辆之间的一次性自动连挂，就要提高相关的技术水平。目前的自动连挂存在很多的限制，只有保证列车运行方向一致、车门处于关好锁闭状态且均为通信列车才能实现自动连挂。未来，要重点提高列车抛锚的救援效率，减少自动连挂的限制。

3. 运营中的紧急事故处理

如果在运营中途出现紧急事件，特别是车内发生意外状况，如乘客按下了处于运行区间列车的紧急制动按钮，而列车处于全自动运营模式下，没有跟车的维护人员，就可能出现严重的危机。针对这种情况，运营管理人员要制定具有针对性的解决方案。站内时常会发生乘客违反地铁运营规则的情况，如在列车关门时出现乘客强行闯入站台屏蔽门或列车门被卡住，导致列车无法正常运行，这些情况的处理都有赖于站务人员，要提前预测到相关的风险，提出有效的解决方案。

目前，无人驾驶还存在许多需要克服的技术困难，如信号系统的建设有待完善。且国内一线城市的地铁承载着很大的客流压力，发车频次很高，对安全性的要求也非常高，但在技术水平不断提高的基础上，城市轨道交通系统的功能将逐步完善，无人驾驶技术面临的难关也将逐渐得以克服。当运营体系的发展逐渐趋于完善，越来越多的城市会引进无人驾驶技术，促使其轨道交通运营实现跨越式发展。

4.1.5 基于无人驾驶的城市轨道交通解决方案

城市轨道交通作为城市交通建设的重要组成部分，是城市居民日常出行的主流工具，对其出行体验有着关键影响。近几年，城市轨道交通技术迎来迅猛发展期，无人驾驶技术应用项目大量涌现，为控制列车运营成本，提高出行服务质量提供了新的思路，是交通运输领域的一大热点方向，所以，对城市轨道交通无人驾驶技术应用问题进行研究分析，找到行之有效的解决方案，将会对促进无人驾驶技术在城市轨道交通领域的大规模应用产生十分积极的影响。

◇ 设施设备保障

1. 列车功能保障

正常行驶中的无人驾驶列车不需要人工干预，列车不但要具备自动运行功能，还应该能够对自身的故障进行自动检测，当列车某部位存在安全隐患或出现故障时，要能够找出问题根源，提供有效解决方案，及时采取有效措施，防范事态扩大，确保列车稳定安全运行。

（1）能够自动进行退行定位。当无人驾驶列车越过停车位置时，执行上下客作业容易引发安全事故，所以，必须确保无人驾驶列车可以进行退行定位，保障乘客安全上下车。

（2）具备障碍物自动检测并处理功能。当无人驾驶列车运行过程中遇到障碍物时，如果不及时采取有效措施，可能会引发重大交通事故。为了确保列车运行安全，无人驾驶列车必须能对障碍物进行自动检测并进行有效处理。

（3）具备视频监控功能。在视频监控系统支持下，列车运行控制中心可以实时掌握列车内外部情况，当列车运行出现问题时，控制中心可以及时做出有效调整，防范交通事故的发生。

2. 信号系统自动检测功能

信号是影响无人驾驶列车运行的重要因素，只有信号系统稳定运行时，列车才能完成加减速、转弯、停车、开关车门等作业，当信号系统出现问题时，可能会引发车门夹伤乘客、列车出轨等安全事故。因此，对信号系统进行自动检测与维护就显得尤为关键。

3. 疏散平台

无人驾驶列车在运行过程中出现事故时，会对事故处理提出更高的挑战，因为工作人员无法及时赶到事故发生地点进行有效处理。为了降低事故的负面影响，可在隧道内设置疏散平台，如果列车发生意外事故，乘客可以通过疏散平台转移到安全区域。

无人驾驶技术本身对配套软硬件设施设备有较高的依赖性，当配套软硬件设施设备出现问题，控制中心又无法有效解决问题时，就要由人工处理解决。因此，列车运行部门必须对列车配套软硬件设施设备进行实时检查，充分确保无人驾驶列车运行的可靠性。

◇ 管理模式创新

在部分情况下，列车运行出现问题时，控制中心进行远程控制并不能将问题有效解决，必须有工作人员进入列车内部进行处理。而人工处理也需要一定的时间成本，不能像传统人工驾驶列车一般由乘务员及时处理。为了提高无人驾驶列车问题处理速度，开展管理模式创新就成为必然选择。

无人驾驶列车中不存在司机角色，传统人工驾驶模式中的司机职能将被转移到调度部门，这就要求后者工作更为精细化。也就是说，无人驾驶列车调度部门要具备较强的沟通能力、协调组织能力与专业的行车技能等，可以对列车客流进行实时监测，对列车乘客反馈即时应答，并在最短时间内为乘客提供问题的有效解决方案。

此外，为了解决较为复杂的无人驾驶列车运行故障问题，应该建立较为完善的维修调度体系，从而在遇到信号系统故障、列车轨道损坏等复杂问题时，将问题快速解决。为此，维修调度、行车调度及乘客调度之间要保持高效协同，这需要将三者同时纳入控制中心调度体系。

◇ 人员素质

无人驾驶技术在城市轨道交通领域的应用对专业人才有较高的依赖性，虽然列车内部可能不再有工作人员，但这并不意味着无人驾驶列车不再需要人的支持，反而对相关工作人员综合素质与技能提出了更高的要求：

1. 控制中心

比如，列车运行出现故障时，此前可能由司机进行简单处理即可，但由于无人驾驶列车上没有司机和乘务员，更多地需要借助控制中心的远程控制进行处理。此时，列车调度员不但要掌握调度技能，还要具备安抚乘客、分析并解决列车故障等列车事故处理技能。当然，想要让列车调度员具备这些技能，需要对其进行专业培训。

2. 车站

将无人驾驶技术应用到城市轨道交通领域后，车站需要配备更多具备较强专业能力与更高服务水平的职能人员，以便有效应对列车可能出现的各种意外事故。

◇ 乘客配合

无人驾驶列车行驶过程中，要求乘客做好配合工作。一方面，要减少对列车运行的人为干扰，由于没有乘务员监督，部分乘客干预列车运行的行为得不到及时制止，从而对列车运行带来较大的负面影响。想要避免这种情况，除了对干扰列车运行行为进行严厉惩罚外，还需要乘客主动配合。另一方面，要协助施救，在列车出现事故后，工作人员到达事故现场需要一定时间，可能会错过最佳施救时间，而如果乘客能够自发按照事故处理要求进行适当处理，能够有效降低事故危害。

无人驾驶技术在轨道交通领域的应用前景值得我们高度期待，为了确保其在我国实现快速稳定发展，政府部门需要在统筹兼顾，把握重点，引导无人驾驶技术安全、规范应用发展的同时，鼓励创新，为创业者与企业提供更为优良的营商环境。

4.2 城市轨道交通的无人驾驶系统

4.2.1 无人驾驶地铁综述

在城市轨道交通系统中应用无人驾驶系统，能够实现该领域的突破式发展，并引领未来城市轨道交通发展的主导方向。我国要想提高交通技术能力，就要引进先进的技术手段与设备，大力建设全自动无人驾驶地铁，从技术与安全性的角度加快建设国内全自动无人驾驶地铁，为轨道交通行业的发展提供助推力量。

现如今，世界各国的轨道交通领域都提高了对自动化地铁的关注度。迄今为止，包括新加坡、巴黎在内的多个城市已经启动了自动化地铁项目，柏林、马赛则积极对传统地铁进行自动化改造。纽约地铁1号线是美国曼哈顿与布鲁克林之间的桥梁，自动控制系统也已经在这条地铁中得到了应用。

应用无人驾驶城市快速轨道交通系统的迪拜地铁，问鼎全球最长的无人驾驶地铁。该国通过斥资建设无人驾驶地铁，来应对国家面临的严峻的交通压力。世界地铁研究所的统计表明，近年来城市人口数量迅速增加，世界范围内居民数量达百万以上的城市数量不断上升，增加了地铁线路的运力负担，给轨道交通的发展带来巨大的阻力。无人驾驶地铁的发展，则能够减轻轨道交通网络承担的压力，加速城市运输系统的运转。

1. 全自动无人驾驶地铁

现阶段，无人自动驾驶轨道交通主要包括四种：自动旅客捷运系统（Automated People Mover，APM）、自动单轨铁路（Automated Monorails）、高级快速公交（Advanced Rapid Transit，ART）、自动城市地铁（Automated Metros）。其中，自动城市地铁系统也被称为全自动无人驾驶地铁。

全自动无人驾驶列车系统能够以自动化方式来完成列车司机的操作任务，并对列车运行系统进行集中控制，具体执行的操作涵盖车站准备、列车起动、正线列车运行、折返站返回、列车清洗、休眠等项目。在该系统的应用下，自动化技术能够承担列车起动、制动、牵引、惰行，依据程序设定开启和关闭车门与屏蔽门，还能对车站广播系统、车载广播系统进行控制。

运用自动列车运行系统，能够对列车的运行速度及整体状态进行调整，适时制动与加速，实现自动化管理。自动列车防护系统则能够对制动系统进行控制，决定列车车门的开与关。

不过，在自动化地铁系统运行过程中，要严格遵守安全规则，运用高精度的工程控制系统，这个系统又由多个子系统构成，具体如自动售票系统、自动检票系统、通信系统、轨道系统等。最适合采用自动化地铁系统的场所，是那些具备足够且稳定的客流量基础、客运路程较短的场所，具体如：大学校区之间的交通往来，大楼展览馆中不同场馆之间的连接，机场里总候机大楼与卫星候机楼之间的连接等。

2. 问题与对策

西方发达国家的无人驾驶地铁发展得比较成熟，相比之下，虽然国内无人驾驶地铁也进入到了运营阶段，但与国际先进水平相比，我国的无人驾驶地铁还存在明显的差距。比如，我国的无人驾驶地铁在车厢制造、机电设备等方面不及国外发达国家，还需在后续发展过程中继续积累经验。

另外，安全性与可靠性是无人驾驶地铁在发展过程中要重点关注的问题，为此，要着力建设能够平稳运行的系统工程，而我国在这方面仍有很大的发展空间。

从技术层面来分析，西方发达国家的技术研究起步较早，如今已经拥有多年的发展经验。相较之下，我国的工程设计、建设、运营管理都未形成完善的体系，要想取得进一步的发展，就应该积极借鉴国外的先进技术，在学习其核心技术的基础上，根据我国的具体国情加以调整优化，聚集优势力量进行技术攻关，建设符合我国国情的理论体系，进而发挥先进理论的指导作用，不断完善我国的全自动无人驾驶地铁体系。

全自动无人驾驶地铁要经历长期的发展过程，要从各个方面着手进行建设，在保证方向正确的基础上，脚踏实地，不断取得进步。

从安全性的角度来分析，只有处理好安全问题，才能为全自动无人驾驶地铁系统开辟发展道路。为此，要高度重视安全监测与评估问题。具体评估项目包括轨道系统、电力系统、控制中心、土建工程、车站、通信系统、广播系统等。要对各个环节的运行情况进行审核、检验，严格评估其安全状况，并对各个评估项目出具评估报告，用以记录完整的评估结果，为后期的检查工作提供真实可靠的依据。要想保证无人驾驶地铁正常运行，就不能忽视安全评估工作的重要性。举例来说，哥本哈根的无人驾驶地铁在正式投入运营之前，经过了 5 年的试验与测试。

4.2.2　发展无人驾驶地铁的必要性

地铁自动化系统具备多种优势，能够借助先进的技术手段，以自动化方式完成列车起动、列车停入与退出停车场、列车清洗、列车车门打开与关闭、列车行驶、列车故障调试等多项作业，可在常规运行、降级运行、运行中断等模式之间进行切换，以自动化管理方式，在原有基础上提高列车运能，加速整个系统的运转，代替传统人工劳作。

除此之外，自动化技术的应用还能够提高列车调度的灵活性，与原有线路区隔开来。具体而言，体现在以下两方面：在出行客流高峰时期，增加车辆数与发车频率，为人们出行带来更多便利；在特殊情况下，以稳定的速度前行，且只在指定车站停靠。

相较于人工驾驶，全自动无人驾驶地铁的启动与制动更加稳定，能够减少乘客在车内的不适感，提升人们的乘坐体验。如果有必要的话，还能够以 80 千米的时速运行列车，运用技术手段提高列车运行效率。

此外，利用高水平的自动化技术及全自动无人驾驶技术能够节省人力资源。如此一来，就能够降低在人员管理、人员培养方面的成本消耗，达到降低总体成本消耗的目的。在早期建设阶段，自动化地铁建设的投入较大，但后期无须投入过多的维护成本，能够从总体上实现成本节约的目的。

在劳动力成本迅速上涨的今天，自动化地铁系统的优势越来越明显。从长期发展角度来看，传统驾驶模式在改革之后向全自动无人驾驶地铁的方向发展，也是大势所趋。随着社会经济的进步与发展,越来越多的国家将参与到自动化地铁系统建设中,我国作为交通大国,也要积极发展无人驾驶地铁。

4.2.3　无人驾驶地铁的技术与规则

(1) 列车能够自动运行:自动化控制系统是全自动无人驾驶地铁的关键所在,它包括机载车、固定驻站两大组成部分,能够从沿线车站轨道监控系统及其他系统中获取丰富多元的信息。

(2) 驾驶室转换:列车折返过程中,可以自动确定方向,并实现对驾驶端的智能转换,保障数据安全、可靠。当列车在站台进行驾驶端转换时,自动开启车门与屏蔽门;当列车在包括非折返线在内的各种非站台区域时,自动关闭车门。

(3) 屏蔽门车门:屏蔽门和车门都能自动开关,能够处理各种突发状况。

★ 屏蔽门出现问题时,及时提醒人工关闭并锁定故障屏蔽门,屏蔽门系统将屏蔽门位置信息提交给信号系统,信号系统及时将该信息反馈给列车中心控制系统,然后由列车中心控制系统将故障屏蔽门隔离开来,列车停站时,故障屏蔽门不进行开关门操作。

★ 开门出现问题时,列车自动关闭并锁定故障车门,无法关门时,提醒人工关闭并锁定故障车门,同时,车门系统将故障车门位置信息提交给信号系统,进而在列车中心控制系统控制下隔离该故障车门。

★ 为了应对突发状况,列车停站时,应该可以进行人工开关门操作。信号系统接收人工开关车门、屏蔽门指令,并判断是否满足相应条件,符合条件后便会执行开关门操作。需要指出的是,当出现和乘客换乘相关的各种问题时,要借助车载广播系统将故障车门及应对策略向乘客播报,工作人员要在故障车门附近进行引导,防范意外事故的发生。

(4) 列车停车位置:正线列车将按照预设停站程序执行进站停车,当出现列车未停到指定位置的情况时,列车中心控制系统将会进行自动调整。

(5) 特殊场景下开展疏散、救援:出现乘客被车门夹伤、火灾、不法分子挟持人质等突发事件时,列车将会在列车中心控制系统控制下停止运行,并对事态进行监测，指挥协调监控、安防等系统，开展紧急疏散、救援等工作。

（6）辅助联动系统：列车上搭载了自动化列车监控系统，让控制中心能够对站台及相关轨道进行实时监测，并了解列车内外部情况，这对确保列车正常运行、突发事故应急处理等具有十分积极的影响。同时，列车将会安装无线通信设施，让乘客能够通过专线和列车控制中心通话。此外，在运行过程中，列车可以实时监测前方轨道区内详细情况，比如，出现人或物时，在及时采取相应措施的同时，向控制中心发出警报，让列车调度员及时处理。

（7）列车出轨自动检测：当列车即将出轨或已经出轨时，及时进行紧急制动。

（8）自动检测车门障碍物：车门系统中将会配备障碍探测及防护系统，当出现人被车门夹伤等意外事故时，系统将会自动打开车门，在工作人员解除障碍后，列车再出站。

（9）自动报警：列车上将会安装自动报警设备与系统，当遇到突发状况时，立即发出警报，并通过互联网将事故现场音频及视频数据实时传输给列车控制中心。

第5章 无人机在智慧交通管理中的实践应用

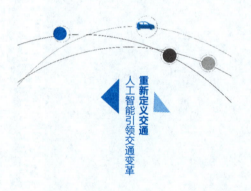

重新定义交通
人工智能引领交通变革

5.1 无人机在智慧交通管理系统中的应用

5.1.1 无人机时代的智慧交通管理系统

随着经济快速发展，城市规模迅速壮大，城市中的车辆不断增多，交通运输网络日渐复杂，城际列车、高铁等交通工具也得到了快速发展。一方面，逐渐发达的城市交通运输网络为人们的日常生活带来了极大的方便；另一方面，日渐增多的车辆和逐渐复杂的路况为交通安全埋下了隐患，为交通管控带来了诸多难题。

现阶段，我国交通管控的方式主要是交警巡逻、定点安装摄像头等，监控范围有限，而且摄像头呈现出来的画面不够清晰。如果交通事故现场周围发生交通堵塞，管理部门很难第一时间获得现场的图像资料。如果为了实现对交通路网的全面监控使用载人飞机巡逻，仅燃油消耗一项就无力承担，成本极高，无法做到每日实时勘察。再加上载人飞机机身庞大，无法在狭窄的街道上空飞行，使得载人飞机巡逻的设想无法实现，无人机为这一问题的解决提供了新思路。

无人机全称"无人驾驶空中飞行器"或"遥控驾驶飞行器"，过去主要用于军事领域，进行空中侦察与监视、定位目标、组织火力攻击、评估战损和开展电子对抗等，主要由载机、视频传输系统、飞行控制系统、地面站、通话系统、陀螺云台等部件构成，可进行高清摄影摄像。

根据不同平台构型，无人机可分为固定翼无人机、无人直升机和多旋翼无人机三种，其中多旋翼无人机的飞行高度不超过500米，适用于各种复杂环境，可拍摄并传输高清影像。

无人机与载人飞机不同，其特长能在城市交通管理领域得到充分发挥，能帮交通管理部门解决城市交通管理中存在的各种问题，不仅可以从宏观层面落实城市交通发展规划，还能从微观层面对路况、交通流进行监管、调控，构建一个覆盖了水、陆、空的立体交通管理体系，实现对某一区域的全方位监控，保证交通顺畅，对突发的交通事件采取有效的应对措施，实施紧急救援。

无人机全称"无人驾驶空中飞行器"或"遥控驾驶飞行器"，过去主要用于军事领域，进行空中侦察与监视、目标定位、组织火力攻击、评估战损、开展电子对抗等。无人机主要由载机、视频传输、飞控、地面站、通话系统、陀螺云台等部件构成，可进行高清摄影摄像。目前，多旋翼飞机的飞行高度不超过500米，适用于各种复杂环境，可拍摄、传输高清影像。

近年来，迅速发展的航空科技提高了人们对航空领域的认知能力。许多城市存在严重的交通拥堵问题，运用无人航空技术的客运无人机、货运无人机能够有效缓解城市的交通压力，加速城市物流运转，推出符合市场需求的新产品、新服务，进一步挖掘市场潜力。与此同时，以往单一的空域变得越来越多样化，要想实现空中交通的正常运行，就要提高空域管理的能力。

随着无人机的应用范围不断扩大，无人机在交通管理领域、农业监控领域、公共安全管理领域等发挥着重要作用。航空应急运营人员可利用无人机技术来获取数据资源、应对突发情况、完成货物运载工作等。

在无人机使用频率不断增加的同时，载客无人机的研发也取得了进步。空中导航服务提供商（ANSPs）长期以来负责安全旅行的监管工作，但随着载人无人机使用频次的持续增加，对应的管理工作量及管理难度也会提升，为了保证乘客的人身和财产安全，应该形成完善的安全管理体系，并在发展过程中不断进行完善。

每一个无人机生态系统利益相关者，都应该关注系统运行过程中存在哪些问题、具体解决方案及责任分配，逐一克服空中交通发展过程中遭遇的困难。要想促进客用无人机高空旅行的发展，就要加快建设完善的管理系统，尤其要注重无人机系统的发展。要清楚，无人机系统、自动无人驾驶飞机与垂直起降飞行的发展，有赖于无人飞行器交通管理系统的建设与发展。

长期以来，业内人士对无人机管理系统发展过程中存在的问题发表了许多看法。利益相关者与经营者的立场不同，所属行业、地理区域及动机也不同。不同自动驾驶项目的操作人员对应不同的需求，但这些操作人员要想进一步挖掘其机动性潜力，就应该制订完善的管理系统解决方案。

全球航空的运行效率与安全性集中通过空中交通管理体现出来。航空领域的发展对安全性的要求比较高，所以，在发展无人机的过程中，要持续加强这方面的建设。为此，要建设足够可靠的空中交通管理系统、完善的通信系统、导航系统，功能齐备的通信监测、监控系统等。为了提高系统的安全性，保证其正常运行，还要注重相关的测试与试验工作，建立专业的团队并进行高质量的培训。

5.1.2 无人机在交通管理中的应用领域

◇ 铁路运输

铁路建设里程普遍较长，沿线涉及很多敏感信息。目前，铁路仍采用人工勘查的方式，不仅工作量大，而且极易受到极端天气、特殊地形的影响，无法深入特殊地段进行勘查，使工程验收质量得不到有效保证。

在铁路选线、地质勘测、生态评价方面，无人机可依托网络实时远程传输视频，将获取的视频影像实时传输到位于全球各地的终端设备中去，为铁路建设提供源源不断的数据，使工作效率得以切实提升。无人机因为机身轻巧、结构紧凑、性能卓著，在使用过程中可打破地理、环境等因素的限制，可在环境复杂的铁路沿线及周边飞行，采集有用信息。

在地面站输入坐标之后，在地面站的控制下，无人机可进入预定的飞行轨道，将铁路及沿线的影像远程传输到地面站，及时发现隐患，为通信设备安全、信息通畅提供强有力的保障，减轻巡查人员的工作量，提升巡查效率，保证铁路运行安全。

◇ 公路运输

将无人机引入公路运输可对智能交通建设进行有效监控。无人机可对路面进行实时监控，一旦路面发生交通事故，出现交通违法行为，无人机能及时发现，并对交通违法行为进行记录，提升交通管理效率，保证道路畅通。

与传统的航拍方式相比，无人机不仅能获得更加精准的数据，还能提升数据获取效率。在无人机的支持下，交通管理部门创建了一种全新的公路交通监控方式，无人机搭载高清摄像机从高空对公路进行全方位拍摄，不仅能获取更加完善的公路航拍资料，满足相关部门对资料的需求，还能为公路勘测、设计提供强有力的技术保障。

（1）特大交通事故的现场勘查

传统交通事故现场勘查手段需要消耗大量人力、物力、时间，勘查过程面临着极大的危险，很有可能引发二次事故，或因事故资料收集太慢错过最佳救援时间。而无人机无惧危险，可深入各种环境复杂、地形复杂的地区进行勘查，迅速到达事故发生现场，收集事故发生地区的地形资料、车辆受损情况、人员伤亡情况等，全面提升勘查效率，指导救援工作迅速开展。

（2）维护交通秩序

无人机可远程传输视频影像，在最短的时间内将影像资料传送到交通指挥中心，交通指挥中心可迅速获知巡逻车及警员的部署情况，从而更科学地下达命令，提升交通管理效率与质量，避免重大时刻、重要场合出现交通拥堵。另外，一旦无人机在巡视过程中发现警情可迅速告知交通指挥中心，交通指挥中心可快速定位、调配警力，在最短时间内进行处理，使交通管理效率得以切实提升。

如果某路段发生交通拥堵，无人机可迅速飞抵现场，快速找到造成拥堵的原因，对拥堵车辆、拥堵长度进行全方位勘探，将现场影像传送到交通指挥中心。交通指挥中心可根据这些影像资料快速制订疏导方案，恢复道路通畅。

◇ 水路运输

在各种主流的运输方式中，水路运输的出现时间最早，发展时间最长。自改革开放以来，我国经济迅速发展，国内各港口的吞吐量不断增加，船舶越来越大、专业性越来越强，同时水上污染的风险也越来越高。

目前，水上运输采用的监控手段主要有船舶巡航、卫星遥感监控、空中固定翼飞机定期巡航等。与这些传统的监控手段相比，无人机的各项成本都比较低，而且实时性比较强。同时，无人机防雨水，可在大雨、中雪天气飞行，可有效应对海上多变的天气。另外，无人机搭载的GPS设备精确度较高，航线设定好之后可自动飞行。水上交通使用无人机进行监控还可有效防止船舶违规操作。

◇ **空中运输**

航空运输业的发展速度越来越快，这对机场的安全管理提出了越来越高的要求，机场安全是备受各国政府及国际社会关注的大事。机场，尤其是大中型航空枢纽机场占地极广，飞行区大、候机楼大、客流量大、货流量大、飞机起降量大，如果仅依靠人工进行安全监管，不仅工作量大，而且效果不好。为提升安全监管质量与效率，及早发现安全隐患，将其消灭在萌芽状态，机场的监管系统必须引入先进技术。

机场的重点监控区域就是落客区，该区域的人流量、车流量都比较大，交通事故与交通纠纷频发。使用无人机对该区域进行巡航监测可消除普通视频监控的监控死角，将拍摄到的视频影像通过网络传输到指定终端，实现对该区域的实时监测，减少违法营运行为，规范候车秩序，甚至可以帮丢失物品的乘客迅速找回失物。

机场的飞行区域非常大，飞机着陆后发生事故很难搜救。而无人机的飞行速度可达到 80 千米/小时，飞行高度可达到 2000 米，飞行半径可达到 5 千米，单程飞行距离可达 10 千米，非常适合在机场这种大面积区域开展巡航搜救工作。

5.1.3 无人机在交通管理中的应用优势及技术支持

无人机在交通管理领域应用有诸多优势：

（1）居高临下，拍摄的范围极广，影像更清晰。无人机可以从高空俯拍，在短距离内高速度地低空飞行，可灵活地改变观测视角，拍摄到更大范围内的影像。同时，无人机的飞行高度可以更接近地面，拍摄到更清晰的现场影像。

（2）长留空、高效率、机动灵活。相较于载人通用飞机及载人直升机来说，无人机在空中停留的时间更长，城市交通巡逻的时间也更长；无人机出动前无需较长时间的地勤和机务工作，可随时出动，效率非常高；无人机可在高速道路及高架桥上空飞行，还可以在高楼大厦间穿梭，甚至还可以穿越隧道完成交通事故现场的取证，机动灵活性较强。

（3）以少替多，风险低。城市交通管理中引入无人机后无需再出动过多警力，少量无人机就能完成需要大量地面警力才能完成的任务，可节省人力成本、勤务成本。而且,无人机可在灾害天气及恶劣环境中执行危险任务。实践证明,在沙尘暴探测、化学品污染及放射性污染监测等方面,无人机具有无可比拟的优势,可以完成很多载人通用飞机、载人直升机等交通工具根本无法完成的任务。

无人机的这些优势是在各种先进技术的支持下产生的,具体包括以下几种:

(1)无人机之所以能拍摄到高清画面,是因为搭载了高清摄像机,可在飞行过程中实时收集道路信息,并通过图传系统将拍摄到的视频信号或图片信号传输到相应设备。因为无人机的图传电路设计得非常稳定、灵敏,所以收集到的图像画质较好。另外,无人机的3轴避震飞行云台可以搭载可见光、红外等设备,云台的格轴比较稳定,还可以自动校正,所以无人机能够以相对稳定的飞行状态拍摄到清晰的影像。

(2)飞行控制系统。无人机配备了GPS、磁场计、气压高度计、六自由度惯性测量单元等传感器装置,使高鲁棒性H无穷算法及专家系统等控制理论模型得以优化,使飞行控制核心模块更加稳定、可靠。由此,无人机系统被打造成了全自动的空中作业平台,具有多种飞行控制模式,可以在不同环境中作业,即便在不同的姿态模式下,无人机也可以保持高度精准的锁定状态,实现平稳飞行。

失控保护功能对无人机非常重要,即便失去遥控信号无人机也能自动悬停,且悬停时间超过10秒,飞控系统在这段时间内能自动计算出最佳返航路线,向无人机发出返航指令,实现安全返航。即便在大风天气,无人机也能实现精准悬停。

(3)无人机地面站。地面站集成了GPS地理信息系统,控制无人机准确地向目标航点飞行,还可在飞行过程中修改航线设置。在定位出现错误的情况下,无人机及时向地面站发出警报,在飞行途中定点悬停,地面站会将遥测数据记录下来,显示无人机的飞行状态,比如飞行里程、飞行高度、飞行时间、GPS状况、电压等。

(4)无人机通信指挥车。无人机通信指挥车搭载了大功率的视频接收机、固定翼无人机弹射架、伸缩天线、高精度实时动态控制系统(RTK)等装置,可利用这些装置对无人机进行远距离监控。

5.1.4 无人机的空中交通监视系统

近来,无人机在飞行领域出现的频率越来越高,出现了很多"黑飞"现象,也就是无监控随意飞行。这种飞行会诱发很多交通事故,威胁民航飞行安全及个人安全。为防止这类事故发生,必须针对无人机飞行制定一套完整的监视系统,对其进行有效管理。

现阶段,民航飞机的飞行由空管、飞行员、签派共同管理,其中空管和签派负责对飞机的飞行进行监管、指挥,飞行员按照规章制度、听从指挥完成飞行,在三方共同努力下保证飞行安全。无人机空中交通监视系统的设计可以借鉴民航飞机的管理体制,由空管、无人机、地面站共同对无人机飞行进行管理,保证无人机飞行安全。同时,无人机监视系统可以和空管监视系统对接,实现民航、无人机监视一体化。

◇ 总体设计

无人机空中交通监视系统由空管、无人机、地面站三部分组成,无人机在飞行过程中经数传电台将飞行高度、飞行位置、飞行姿态等数据发送到地面站,地面站接收并分析这些数据,再经由数传电台将新数据传送给无人机,从而对无人机的飞行路线、飞行姿态等进行调整,实现无人机与地面站的全双工通信。

因为飞行中的无人机距离空管比较远,普通无线数传无法满足无人机与地面站之间的数据传送需求,所以使用 SIM7100C GSM(4G 模块)与空管建立移动网络数据传输通道,将无人机的飞行数据实时传送到空管。同时,空管也可以利用这个数据传输通道向无人机发送 AT 指令,操控无人机的飞行高度、飞行线路、飞行姿态等。通过这种数据链的相互传输,实现空管、地面站、无人机三者之间的全双工通信。

◇ 模块设计

(1)飞控与地面站连接模块

无人机飞行控制系统包含很多模块,比如 STM32、MUPU6050、MS5611 等。

在飞行过程中，飞行控制系统通过数传电台将信息传送到地面站，地面站的比例 – 积分 – 微分控制（PID）界面根据这些信息向无人机发出具体的指示，比如调整飞行姿态、调整飞行路线等。通过这些模块，无人机与地面站之间建立全双工通信，使地面站可以对无人机的整个飞行过程进行监控，并指导无人机飞行。

(2) 无人机与空管连接模块

使用 SIM7100C 芯片建立 4G 模块，无人机通过该模块向空管发送飞行数据，空管对接收信号的计算机配置 IP 就能收到无人机的地理位置信息。同时，配置了 IP 的计算机也可以利用 4G 模块向无人机发送 AT 指令，操控无人机飞行，实现无人机与空管的双全工通信。

◇ 数据传输设计

无人机通过数传电台向地面站传输飞行数据，地面站利用串口程序从串口中将数据取出，编写数据传输协议，与地面站界面建立连接，将采集到的数据显示出来。无人机数据及操作人员的信息则通过 4G 网络传输到配置了 IP 的计算机上，建立数据库，对接收到的数据信息进行整理，然后编写协议与空管系统连接，通过数据连接，无人机的飞行位置可在空管管制界面显示出来。

在以飞控、4G 网络、数传电台等模块的设计为基础创建的这套无人机空中交通监视系统的支持下，空管、无人机、地面站三者之间可实现双全工通信，通过三者之间的信息交流与合作实现对无人机飞行的监视。在这套无人机空中交通监视系统的工作模式下，无人机在飞行期间可将自己所处的地理位置、飞行高度、飞行路线、飞行姿态等信息发送到空管与地面站。

如果无人机在飞行过程中出现偏离预定的飞行路线、高度不当、位置不当等问题，空管可及时联系地面站对无人机进行调整，并为地面站对无人机的操控提供帮助，在空管、地面站、无人机的共同作用下保证无人机实现安全飞行、规范飞行。同时，该系统与空管监控系统相结合可促使空管监控与无人机监控实现一体化。

具体来看，建立无人机空中交通监视系统还有更多实际应用价值及现实意义：

(1) 目前，国内现有的无人机管理系统均或多或少地存在缺陷，建立无人机空中交通监视系统可对无人机进行有效监视与管理，杜绝"黑飞""乱飞"等现象，保证民航安全及个人安全。

（2）无人机空中交通监视系统结合空管监视系统可进一步提升空管的监视能力，防止无人机对民航飞机的飞行造成干扰。

（3）未来，无人机将在越来越多的领域得以应用，如运输、资源探查、土地测量等。为保证无人机规范作业，必须对无人机进行实时监控。无人机空中交通监视系统为无人机的正常作业提供了强有力的保障。

（4）无人机空中交通监视系统比较稳定，具有很强的适应性。在无人机上装载其他模块（比如环境测量模块等）可增强无人机的作业能力，控制无人机飞入无人区进行环境勘查，使其实际利用价值得以有效提升。

5.2 无人机交通管理系统落地的关键因素

5.2.1 政策因素：推动行业规范化发展

在早期发展阶段，无人机在商业领域中的应用，只集中于视距内（VLOS）操作上。如今，包括中国、波兰、澳大利亚、新西兰、瑞士、丹麦、加拿大以及美国部分地区都通过政策性规定，放宽了无人机的应用范围，使其能够在超视距作业中发挥价值，推动了无人机的创新应用。

为了放宽对消费级无人机用户的限制，加拿大交通部取消了此前禁止无人机在动物区、建筑物及其他结构附近飞行的规定，并缩短了无人机与人、车、船、机场、无人机停车坪之间的距离，重量为250克~1千克的无人机必须与车辆、人、船只保持的距离从75米缩短为30米。而且无人机操作者可以在机场5.5公里以外和直升机专用坪1.8公里以外的范围内飞行。之前，无论机场，还是直升机机场，无人机都必须在9公里以外飞行。由此可见，加拿大政府确实放宽了对无人机的限制，这项举措对其国内无人机行业的发展产生了强大的推动作用。

为保护公众的隐私与安全，充分发挥无人机的作用与潜能，减少无人机用户无意中违反空域规定情况的发生，英国政府宣布实施小型无人机登记政策。虽然细则还没有发布，但可以确定的是，无人机的重量不小于250克时，其持有者必须登记。除此之外，英国还在推广使用"安全围栏"，禁止无人机在机场、监狱以及人群密集区域飞行，违反规定者要接受刑事处罚。英国政策的这项规定为其国内无人机行业的发展提供了非常权威的规范和依据。

无论是哪个国家要在其空中交通管理体系中纳入无人机，都需要克服许多困难，如在具体实施过程中要加强数据服务提供商、通信系统服务提供商、监管部门与运营商之间的合作关系等。为了建设完善的无人机管理系统，降低管控风险，美国联邦航空管理局、美国国家航空和宇宙航行局（NASA）联手世界多个国家的相关组织部门，共同开展问题调查并制订解决方案，致力于把无人机纳入空域管理中，对其实施规范化的运营与管理。

为推动无人机产业快速发展，我国政府出台了很多文件，其中国务院出台的《中国制造2025》中明确提出要推进无人机的产业化。2019年2月13日，民航局举办了新闻发布会并在会上明确表示："我国将接受无人机在特定场景的运行申请，以鼓励无人机的商业化应用"。这说明，我国无人机的商业化应用进程将快速推进，无人机行业也将快速实现规范化发展。目前，从世界范围来看、相较于欧美等国家，我国无人机相关政策比较宽松，吸引了很多国外无人机企业，比如加拿大 MicroPilot 公司，相信这种宽松的政策将吸引更多优秀的无人机企业进入我国无人机行业，为我国无人机行业的发展做出贡献。

5.2.2 安全因素：提高交通管理安全性

无人机管理系统的开发与执行过程受到许多因素的影响，不同的利益相关者对其实施的结果抱有不同的期待。为了提高无人机的运营效率，提高整个交通管理系统的安全性，要整合相关领域内的优势资源，不断攻克发展过程中面临的各种难题。

现阶段下，有关监管部门的空中交通管理服务还不完善，无人机管理系统的服务开发可能要借助于商业市场的引导。举例来说，对于重量低于25千克的小型无人机的低空操作，监管部门就未推出有效的管理服务。

为了顺利实现转型，无人机管理系统应该对传统的空中导航管理模式进行调整。相关管理机构在运营过程中，要承担更多的责任，包括改动空域分类，制定指令及协议，出台程序及规范，确定无人机需要的协调区、无人机需要的通知区等，保证无人机行动的顺利开展。

载人航天与公共安全的重要性是显而易见的。"超视距"范围中的无人机运行的安全责任，由商用无人机运营商来承担，与此同时，他们还负责对空域中的无人机进行追踪，避免无人机超出限定的空域。在进行无人机整合时，需要在确保事故率不会提高的基础上实施整合方案，同时，要坚决避免在计划开展过程中引入更多的安全风险。在制订无人机发展规划的过程中，要注重对安全工作的部署并出台具体的应对方案。

现阶段下，在无人机安全方面运用监视系统，除了能够对无人机的类型进行识别之外，很难发挥实际性的作用。通过在无人机与其他自动驾驶设备上安装传感器，对当前领空中正在飞行的物体进行感知，或者使无人机按照既定路线运行，则能够降低意外情况发生的概率。

尽管发挥的作用比较有限，但监视手段是增强交通操作安全性、提高交通管理效率必不可少的。自动化平台负责收集监视信息，但除了那些体型相对较大、开放自身飞行信息的飞机之外，这种方式无法发挥其效力。也就是说，如果无人机本身的体型较小，或者飞行设备采用复合材料、塑料制作而成，它们可能无法被监视设备识别，无法进行信号收集。要实现全面而有效的监视，就要解决当前存在的这些问题，采取有效措施进行飞机追踪，将一切可能实现的跟踪方法都运用到监视技术的研发与改进中。

没有强制应答器也是监视技术发展缓慢的原因。如果飞行器在 10～200 米以内的低水平空域运行，使用传统的监视雷达是没有效果的。可使用全息雷达来绘制领空体积图并对小型飞行物体进行感知，但这些操作并未被纳入到空中交通管理系统中，应该在后续发展过程中将监视数据的提供纳入整个操作体系中。

5.2.3　技术因素：构建完善的基础设施

通信、导航及监视系统是无人机管理的核心基础设施，在无人机系统中发挥着支撑性的作用。只有具备完善的基础设施，监管部门或其授权机构才能正常运转。

◇ 通信

空中交通管理的所有行为活动都离不开通信设施提供的服务。空中交通管理要用到控制器、飞行员界面等，这些要素都与通信紧密相关。

与此前的空中交通管理相比，无人机的应用使整个交通管理系统涉及更多的因素。面临新的需求，要尤其注重通信基础设施的建设，保证将控制数据上传，并通过地面站接收遥测数据，为此要配备相应的宽带与运行程序。现阶段下，可以将无线热点与其他低性能通信作为周边地区的信息接收站，用于信号接收与数据传送。

当飞行距离持续增加时，就要采用适合长距离环境中的信息传输方式。在发展过程中，传统飞机的数字通信逐渐替代了语音通信，未来，需要实现无人机与传统飞机之间的信息通信。

需要注意的是，无人机作战过程中涉及的飞行计划信息也可以选择不提交。在执行任务时，如果空中交通服务提供者无法获取受影响地区的态势情况，可从其他方面获取相关信息并进行有效的处理。不过，现阶段下不同环节的运营之间并不存在太多交集，未实现有效的系统化整合。

◇ 导航

着眼于航空安全方面来分析，在无人机飞行过程中，应该防止与其他空域用户产生碰撞与冲突。现阶段下的无人机设备还不能有效感知和绕开其他飞机，多数无人机也未安装防撞系统。利用导航系统，无人机就能根据预定义规则对飞行路线进行调整，防止与其他飞机产生碰撞。此外，如果出现技术故障，无人机将无法进行远程控制，现阶段下也没有针对这种情况的程序解决方案。

◇ 监视

空中交通管理系统的运作过程必须是清晰的。行业在发展过程中需要有明确的程序和空域。对于超出一般高度范围的行动，与在人口密集区域的空域中展开的行动，要进一步进行清晰的定义，以便实施后续的控制行动。

1）对于常规的飞行状态，应用于空中交通管制过程中的飞行数据处理系统，能够通过监视数据，结合对飞行计划信息的分析，对空域中的飞行设备进行探测。

2）在使用现有程序和相关培训的基础上，空中交通服务提供商要完成自身承担的任务，需要多方面的数据支持。

无人机要想实现这个程度的信息提供难度很大，而要满足无人机市场的需求，一方面要将涉及导航的无人机管理系统基础设施的不同要素连接在一起，另一方面要制定统一的标准与协议，用于支持无人机管理系统的高效运行。此外，空中交通管理系统应该建立完善的电子系统，用于在控制范围之外的空域收集飞行信息，从而降低无人交通管理的难度。

◇ 数据

无人机在运行过程中，能够产生丰富的数据，这些数据记录了无人机的飞行路径、飞行速度及实时位置，能够为其执行任务提供有效的支持。在进行数据分析的基础上，无人机能够选择最佳线路，利用人工智能和自动化技术，保证自身以安全、高效的方式按既定路线运行。

为了优化无人机的应用，美国肯尼索州立大学从近似算法方面进行了研究。该方案成功推出后，能够让物流企业在运输环节充分发挥无人机的作用，在降低成本消耗的同时提高整体运输效率。

5.2.4 需求因素：促进行业可持续发展

◇ 公众

所有参与者都应该明确自己的定位，明白自己在无人机管理系统中所处的位置与承担的责任。作为整个生态系统中的组成部分之一，所有利益相关者都应该摆脱局限性，从整体层面来认识无人机系统，并与其他部分加强合作关系。

具体而言，有的无人机飞行员负责传递交通信息，有的无人机飞行员负责运送医疗用品，有的无人机飞行员负责勘查作物生长状态等，不同的操作者肩负不同的责任。当无人机的应用范围不断拓宽时，随着人类的劳作被无人机替代，社会可能面临失业问题。

不过，自动化技术的应用也有望催生新的工作岗位。要在恰当的时机对无人机管理系统的传统管理方式进行改革，促进通信系统的升级，优化培训体系，从整体上推动无人机管理系统的发展。

◇ 科技

现阶段下的空中交通管理技术已经跟不上无人机技术、飞机各种技术的发展。在这一领域率先展开布局的参与者正利用先进的技术手段制订应对方案，为未来无人机交通管理的发展开辟道路。

在这个过程中,要尤其注意安全问题。在认识到监管系统的发展跟不上技术发展及应用的需求之后,要加快建设无人机管理系统,提高技术应用的规范性。

NASA 为无人机驾驶系统的发展起到了带头作用,致力于通过降低国家航空系统对低空空域中无人机应用的影响,进一步促进无人机在更多领域内体现其应用价值,并向战术化应用方向发展。

NASA 正在实施技术转让计划,旨在把技术移交给美国的相关工业企业,促进先进技术的商业化应用。Uber 与 NASA 建立了合作关系,共同优化飞行汽车与无人机的管理系统,同时致力于加快飞行出租车的研发及应用项目。

1)欧盟:欧洲航空安全局(EASA)将推出面向欧盟的统一无人机规定。但现阶段下,该规定还没有将 150 千克以下的无人机纳入其中。

2)德国:根据德国新近出台的管理规定,如果运营商可以验证安全飞行记录,就可以运行超视距航班。若无人机重量小于等于 25 千克,则可在不超过 100 米高的空域飞行。

3)澳大利亚:民用航空安全管理局(CASA)对无人机的管理比较宽松,允许重量低于 2 千克的无人机在无人居住区域高度低于 400 英尺的空中运行,无须经过相关部门的批准。

◇ 金融

1)用于建设与发展无人机管理系统的资金拥有多种来源渠道,公共部门的种子资金是其中一种。

2)现金储备充足、有意进行市场投资的企业与投资者众多。举例来说,以谷歌、亚马逊、Uber 为代表的企业致力于开发无人机管理系统项目,在项目实施提供资金支持的同时,还能提高消费者对无人机相关移动技术的认知。这类企业多聚焦于硬件产品开发与服务提供上。

此外,很多服务于无人机运营的创新项目,比如无人机管理系统、直升机机场等相关基础设施的建设、导航系统、安全软件等也得到了法国、德国等国家一些小众企业的投资支持。部分企业通过整合私人天使投资人、风险资本家、私人股本的资金,用于开发导航和无人机管理系统技术。

近年来迅速发展的区块链、人工智能技术可能推动无人机管理系统的发展。

Deep Aero 公司正利用区块链技术，开发人工智能驱动的无人机管理系统，在这个系统中，区块链能够在物流环节发挥重要作用，进一步完善无人机管理系统的功能结构。在具体实施过程中，该公司将使用统一的无人机注册标准、3D 地图数据及其他技术加快研发进程。

在 LAANC（低空授权和通知能力计划）深度部署的今天，美国联邦航空管理局（FAA）也参与到了支持无人机发展的过程中，大力建设空中交通设施，并促进相关基础设施的完善。

5.2.5 市场因素：实现无人机的产业化

目前，无人机与空中交通工具呈现蓬勃发展的态势，尽管现阶段还尚未建立起完善的无人机飞行基础设施，且缺乏有效的安全管理体系，但随着越来越多的无人机设备投入使用，要想提高整个无人机市场发展的持续性，为无人机飞行提供安全保障，就要加快建设无人机管理体系。

无人机交通管理系统需涵盖空域规划、拥堵管理、路线设计、分离管理、应急管理、动态地理设置、恶劣天气管理、间隔距离、排序管理等众多内容。该管理系统在为当前的无人机应用提供服务的同时，也要顾及该领域今后的发展，具体如飞行出租车、乘用无人机等的应用与发展。

无人机管理系统能够为无人驾驶行业的发展提供有力的保障，促进相关企业的发展，进一步挖掘其市场价值。

◇ 无人机驾驶系统服务供应商

在开展试验项目、制定标准的过程中，无人机驾驶系统服务供应商应该联手监管部门、通信供应商与领先的无人机制造商促进空中交通管理系统相关硬件与软件的发展。在对无人机驾驶系统的核心功能进行充分应用的基础上，可以扩大空中交通管理系统市场，增加利润所得。美国航空公司可以要求运营商缴纳订阅费。在具体实施过程中，既可以选择一次性收费，也可以选择以年为单位计费。此外，美国航空公司也可以要求无人机运营商在飞行之后缴纳服务费用。

◇ 无人机运营者

物流、森林研究、铁路检查对无人机应用的需求量将持续提高。建立起完善的无人机驾驶系统后，无人机操作人员除了在非超视距空域中飞行外，还能在人口分布多的地区执行任务。在建立无人机驾驶系统的过程中，无人机运营商应该予以配合。为了提高无人机运行的安全性，要注重路线规划及导航技术的应用，还要建立应急管理系统，并设置导航软件与传感器来提高运行的安全性，逐步扩大无人机驾驶系统网络的应用范围。在这个过程中，完善的无人机驾驶系统也能够给无人机运营商带来诸多益处，还能够促进运营商与其他利益相关者之间的交流互动。

◇ 通信服务提供商

在建立无人机交通管理系统的过程中，通信公司发挥着重要作用，这是由于无人机互动与无人机追踪有赖于这类企业提供的技术，要遵守企业制定的技术标准。在无人机交通管理系统投入使用后，美国航空公司与无人机运营商需要向通信公司支付服务费用。当下已经与监管部门达成合作关系的通信公司，将占据时间优势，逐渐在发展过程中克服遇到的困难，能够为后期无人驾驶系统的建设与完善做好准备，使其发展进入新的时期，从更加长远的角度考虑问题，着眼于建设统一的空中交通管理系统。在这个过程中，要为传统交通、无人机的发展提供必要的支持。

建立并完善统一的空中交通管理系统，服务于垂直起降、无人机等的空中飞行，能够有效降低空中交通的风险。现如今，不少企业都加大了对相关开发项目的投资支持力度，致力于建设空中交通管理系统，从而提高出行的效率与安全性，尽可能地避免交通拥堵，减少交通事故的发生。

5.3 无人机在公路勘测领域的应用与发展

随着经济建设的迅速发展,我国诸多部门都已拥有了大量的卫星遥感影像和传统航空摄影数据,但对局部地区急需的实时性、机动性、高分辨率遥感数据的需求趋势也明显增加。相对于传统的以卫星、大飞机、人工全站仪等设备为搭载平台的遥感数据和影像资料获取大范围的地理信息,低空无人机航摄遥感具有机动、灵活等优点,可以对带状地形进行大比例尺的地形图测绘,而且在高速公路勘测及日常养护测绘和地质灾害的应急测绘上都有很好的效果,因此其在公路勘察上有很强的实用性。无人机航测遥感技术是继卫星遥感、飞机遥感之后发展起来的一项新型航空遥感技术,在应急测绘保障、国土资源监测、重大工程建设等方面得到广泛应用。它是一种机动灵活、可以实现快速响应的一种航测技术。低空无人机航摄遥感是以低速无人驾驶飞机为空中遥感操作平台,用彩色、黑白、红外、摄像等技术从空中拍摄地表地物、地貌影像数据,并用计算机对影像数据信息进行加工处理,汇集了遥感、通信、GPS差分定位、遥控等技术与计算机软件处理技术的新型应用技术。

5.3.1 无人机在高速公路勘察中的优势

高速公路工程具有很长的工程区间,其中很可能要通过复杂危险地形或者遭遇某种灾害。比如,高速公路的路堤和边坡在受到地形、地质、天气的影响时,都可能会崩滑而造成危险,在这种情况下需要了解崩滑的几何形状与土方量来筹划修复方案,但由于崩滑发生后相关测绘人员和设备都很难接近事发地点,所以能不受地面限制快速飞抵崩滑地点上空,以机载的数码相机进行现场摄影的无人机航测相当重要,其不但简单快捷,而且具有很强的安全性。具体优点如下:

(1) 快速高效

很容易获得所需的测绘影像，而且设备简单，民用单反相机也可以胜任。

(2) 机动灵活

在测绘工作中，低空无人机快速出击的响应能力是应急遥感测绘有力的保障。低空无人机因为机身设备轻便、运输灵活、越野能力强、对起降场地要求低、起降方式多种多样，而且安装、调试、起飞作业快捷等优点，被广泛应用。

(3) 分辨率高、处理速度快

低空无人机航摄遥感数据分辨率可达到 0.1~0.5 米，相对卫星影像数据具有很大的优越性。

(4) 运行成本低

低空无人机航摄遥感数据不仅具有卫星影像数据的价值，而且具有大飞机航空摄影的快速采集优势。低空无人机不需要大飞机那样的专业停机场和专业的驾驶员班组，储存、运输、飞行作业均方便、快捷。

(5) 受天气和场地影响小

只要无雨且风力不要太大，低空无人机就能起飞进行工作，跑道也只需用平地代替即可。

(6) 数据结果真实

由于可以在短期内获得影像数据，所以低空无人机航摄遥感数据具有很强的时效性，对地面的状况放映更真实。

目前，在高速公路工程建设和地理信息领域，为了能够较好地满足现阶段我国对"数字中国、数字城市、数字生活"的需求，无人机航空摄影测量模式逐步取代传统的数据采集模式进行地形图测绘、石油管道巡线、电力设施维护、高速公路建设、土地确权、地籍调查、水利水电建设、农田信息监测、国情普查、矿山资源开发、地质监测等，大大提高了数据更新的速度，在国民经济建设中发挥着重要作用。

5.3.2 无人机摄影测量系统的组成部分

◇ 应用分类

通常，按有效载荷与续航时间划分，无人机的种类包括如下四种类型：

1）大型无人机。性能高、有效载荷大、续航时间长，基本可以达到和有人机相近的性能，但因为价格过高，所以应用度不高。

2）中型无人机。有效载荷在 20 千克左右，续航时间可以达到 2 小时，具备较稳定的飞行姿态，所以摄影云台等需要姿态稳定的摄影设备可以使用，还可以使用姿态定位系统。虽然价格也比较高，但作为民用航测平台比较理想。

3）小型无人机。飞行的性能和姿态稳定性都很低，摄影效果也较差，获得的影像很难在普通的摄影测量工作站处理。最大的优点是价格便宜。

4）超轻型无人机。为了节省动力超轻型无人机使用了三角翼，有效载荷很小，通常不超过 1 千克，续航时间也只有半小时左右，并且抗风能力和飞行姿态都很差，拍摄的影像需要专门的摄影测量软件才能处理，普通的软件无法处理。但由于摄影测量方面的数据处理技术不断进步，所以这个问题正逐渐得到解决，兼之该系统的价格非常低廉，所以其在小型工程项目上的适用性是很高的。

◇ **硬件组成**

无人机测绘遥感系统由无人机飞行平台、传感器、飞行控制系统、地面监控系统以及地面运输与保障系统五部分组成。国内比较成熟的飞行平台有"垂直尾"型无人机、"双发"型无人机、"倒桅尾"型无人机等，可搭载高端单反数码相机。无人机飞行控制系统主要包括自动驾驶仪、GPS 导航仪、姿态控制仪、高度计、气压计等。

关键技术为 GPS 导航控制的定点曝光技术和相机旋偏改正技术。地面监控系统主要包括通信系统、监控软件系统和维护系统。

◇ **软件组成**

无人机航空摄影及影像处理比传统航测复杂很多，为保证航摄质量需进行精确航摄规划、航摄质量快速检查及影像快速预处理等，完成这些工作需配置相应的软件。

精确航摄任务规划软件主要用于航摄任务规划，功能包括：设计成果统计与制图、自动/半自动航摄分区、自动航线敷设、自动调整曝光点间距和航线间距、保证立体观测重叠度指标、修改编辑曝光点、航线功能、构架航线、基站布设功能、片数、航线长度、距离等统计报告。

航摄质量快速检查软件包括以下技术内容：快速浏览影像质量、检查重叠度指标、检查旋偏角指标、自动形成像片预览索引图、影像自动批量打号、输出航摄质量检查统计报表、快速检查飞行数据覆盖情况，以便决定补飞以及撤场事宜。核心指标是重叠度和旋偏角，必须满足航测规范的要求。两张相邻航片，通过一对同名点即可根据影像宽度计算重叠度和旋偏角，数字航片原始片像素数固定，按照同样方式重采样后的预览片也可计算重叠度。

5.3.3 无人机在高速公路勘测中的应用

◇ 无人机航测流程

无人机航测的基本流程从三个方面共同开始，即从实验室和现场两方面对数码相机进行检校，规划设计出外业航线并进行外业飞行，进行外业像控测量；之后对航测得到的影像进行预处理——自动排片，对测区的影像进行最优化选择，对影像的畸变进行预校正；之后对控制点进行量测同时自动提取出连接点，通过空中三角测量分别完成立体测图、DSM 生成以及正射影像的生成和镶嵌；最后汇总各个结果进行精度检查。

◇ 数码相机的检校

由于使用的相机镜头可能存在一定的畸变差，因此在实际进行航测之前需要对所使用的相机的方位元素和畸变差进行检校。这一过程通过如下两种方式进行：

1）在实验室进行检校。在实验室里可以利用标定白板和标定软件对相机进行检校，标定白板上需要有特殊的几何关系标志，标定软件则需要能进行自动的目标检测。这种方法虽然不能应对复杂的状况，但很方便。

2）在室外现场进行检校。为了应对航测现场的复杂情况和无人机常见的姿态不稳现象，除了在实验室内进行检校外，还需要建立专门的室外检校场进行检校。这种检校方法和实际的航测作业工作很相似，按高程在地面分层并设置规则的地面标志点，无人机飞行时航线要注意高重叠并交叉，最后通过光束法整体平差来得出检校参数。

◇ 影像预处理

在无人机航测的过程中，工作人员要始终关注照片拍摄数量，在飞机降落后，对照片数据及飞机整体进行检查评估，结合贴线率和姿态角判断是否复飞，继续完成附近区域的航拍任务或转场，理论上一个起降点的飞行控制范围为300平方千米。

◇ 测量实例

例如，当进行山区公路不稳定边坡处的勘查时，为了能以最快的速度获得测绘资料，可以应用无人机进行航测。为了对该技术的系统精度进行检验，可以先以定位技术、测绘技术获取测区内部分标志点精度4厘米内的精确坐标。这些点可以用于比照无人机的测绘数据，作为其控制点与精度的检查点。

如前文所述的航测流程，在外业飞行测绘开始前以软件设计飞行航线并检校摄影设备。外业飞行的工作完成后进行影像的优化选择，结合定位导航数据与快速排片的软件处理影像，对模糊不清的影像予以排除并确认是否有漏拍现象发生。

第6章
无人船：建设海运强国战略的必然选择

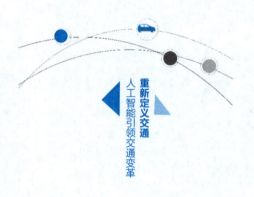

重新定义交通
人工智能引领交通变革

6.1 无人船：重构全球航运市场格局

6.1.1 无人船：引领航运业的未来

未来，船舶必将向着智能化的方向不断发展。近年来，随着物联网、云计算、大数据、人工智能等技术在船舶领域广泛应用，船舶的自动化水平有了大幅提升。在先进科学技术的支撑下，无人船极有可能实现在海面上的航行。

无人船有三个类型，分别是全自主型的无人船、半自主型的无人船和遥控型无人船。前者可实现自主规划、自主航行、自主对周围环境进行感知，后者需要人为远程操控，无法实现自主航行，第二类半自主型的无人船按照内置程序航行，执行航行任务。

无人船汇聚了船舶设计、信息处理、人工智能、运动控制等各种各样的技术，研究范围涵盖了自动驾驶、模式识别、自主避障、自主规划与导航等多个领域，可根据不同的功能使用不同的模块，搭载不同的传感器及传感设备，执行各种各样的任务，比如反恐、扫雷、监视侦察、情报收集、中继通信、搜寻救助、反潜、水文地理勘查等。

随着通信、人工智能等技术迅猛发展，制约无人船发展的很多技术层面的难题得以解决，各国在无人船研发方面的投入持续增加，无人船的研发进入高速发展阶段。

2002年，美国海军发起"Spartan Scout"项目。

2003年，积累了丰富的无人船研制技术的以色列成功向国防军交付一艘无人艇——"Protector"号。

2007年7月，美国海军发布《海军无人水面艇主计划》，将无人艇划分为4个等级：X-Class、Harbor Class、Snorkeler Class、Fleet Class。4个等级的无人艇的长度依次递增，续航能力依次递减，模块从非标准级向标准级过渡，任务从低层次向高层次过渡，并对布放方式与艇型提出了不同的要求。

2008年，我国新光公司研发的无人艇"天象1号"在奥帆赛期间得以应用，作为气象应急装备为奥帆赛提供气象保障服务；我国珠海云洲智能公司将自主研发的无人船用于在线水质污染和核污染监测。

2013年，我国自主研发的"海巡166号"无人艇使用玻璃钢打造了一个全封闭的结构，使用柴油机作为动力装置，机动性好，还能抗沉没、抗风浪。

2014年，上海大学研制了配备北斗导航系统的"精海"系列无人艇，可进行自主定位，对航行轨迹进行自主跟踪、远程设定航迹线、自主避让障碍物等。

2012年9月，Fraunhofer CML公司、MARINTEK公司、Chalmers大学等8家研究机构共同发起了"MUNIN"（Maritime Unmanned Navigation through Intelligence in Networks）项目，这是全球首例针对无人散货轮开展的大型无人船研究项目，计划通过雷达、红外传感器、船舶自动识别系统AIS，对船舶周围环境进行监测，然后通过卫星通信将监测到的数据实时传输到陆地运营中心，方便陆地的操控人员对船舶进行操控。

过去，提及无人船人们会认为是痴人说梦，但随着人工智能、数字通信技术不断发展，尤其是随着无人机、无人车相继出现，无人船的设想逐渐被人们接受，并吸引了无数人为这一设想的实现贡献自己的财力、智力等资源。

无人船代表了整个船舶行业未来的发展趋势，会对目前的船舶行业产生极大的颠覆作用。据推测，2020年世界上第一艘无人商船将面世，之后10~15年，无人货船将实现大范围应用。这就表示，随着无人船的出现，船舶设计、建造、营运、交易等行业的业务模式与市场格局将被彻底颠覆，数十万艘船只将面临更新换代，数百万船员将面临再择业、再就业。在无人船的作用下，整个船舶行业将发生巨大的改变。

无人船安全性更好，运行效率更高，运营成本更低。根据德国慕尼黑的安联保险发布的报告：在航海过程中，75%~96%的事故都是人为原因导致的，大部分是疲劳驾驶造成的。如果船舶可以实现远程控制或者无人驾驶，这类事故的发生率就能大幅下降，船舶自身的安全、船上人员的安全都能得到极大的保障。

而且无人船可以很好地防范海盗袭击，无人船的船型设计增加了海盗登船的难度，即便海盗能顺利登上船舶也很难进入操控系统。一旦感知到有海盗登船，无人船上的操控系统可以让船舶自动抛锚或降低航速，向附近的海军军舰发出求救信号，方便海军迅速赶来救援。同时，即便无人船被海盗劫持，因为船上没有人员，海盗无法获取人质，所以救援人员可以更容易地夺回船舶。对于海盗来说，抢劫无人船要面临巨大的风险，自然就会减少对无人船的劫持。

无人船还能降低风阻，加大货物载运量。因为无人船上没有船员，所以甲板室、通风系统、加热系统、排污系统、宿舍等都不需要设计，不仅可以降低船舶的建造成本，还能减少燃料消耗，降低船舶的运行成本。

另外，近年来，海上专业人员越来越少，无人船的出现能很好地解决这一问题。导致海上专业人员匮乏的原因有两点：第一，船舶结构日渐复杂，对船员的要求越来越高；第二，航海工作对年轻人的吸引力较差，很多年轻人都不愿意从事这份工作。传统船舶对船员的专业技能有较高要求，而无人船的工作主要在陆地运营中心（船舶无人驾驶，接受陆地运营中心的远程控制），不必离家远航，自然就能吸引更多高学历人才前来就业。

6.1.2 新变革：无人船的发展优势

相较于传统的水面船艇来说，无人船具有以下优势：

1）无人船可实现无人化、智能化作业。自主航行、自主执行任务是无人船最显著的特征，只要事先设定好航行路线与作业任务，无人船就能开展自主航行，智能躲避障碍物，自发执行任务，无须人为干预或者极少需要人为干预，这将解放大量水上劳动力。

2）作业效率更高，标准化程度更高。过去，流域采样、航道测绘、流域监测都是租用大型船开展人工作业，或采用人工定位走线的方式进行航道测绘，但因为船体过于庞大，无法在作业过程中灵活行动，导致项目开展效率低、测绘精度较差。假设对面积 1 平方千米的水库的水质进行采样，沿用过去的方法，环境监测部门要设置 10 个水质采样点，整个过程大约需要 2 小时，但如果使用无人船作业，整个过程用时不足 30 分钟。

3）采用模块化设计，功能多种多样。无人船采用模块化设计，执行不同的任务只需更换不同的模块即可。所以，无人船可以通过搭载不同的任务模块执行多种多样的任务。无人船配置了各种各样的接口与应用软件，可连接很多应用设备和仪器，执行不同的任务。一般来说，无人船系统包括推进系统、通信系统、水质监测系统、电源监测系统、导航系统、RW（一种可录写格式）、PC 基站等，船体的导航板安装了 GPS 接收端、三轴罗盘、三轴加速度计等设备，辅之以内置的导航算法，可精确地规划出导航路线。除此之外，在无线通信模块的作用下，任务数据可随时传回基站进行运算处理。

除上述仪器与设备外，无人船还可搭载单波束声呐、多波束声呐、侧扫声呐、浅层地表剖析仪器、水质监测系统、小目标识别雷达、AIS（船舶自动识别系统）、气象站、360 度全视角云台、夜视摄像头等仪器与设备，可为海事救助、巡航、监管、防污染监测、航道测绘等项目的开展提供有效的技术支持。

4）速度快，机动性强。目前，各国研制的无人船的船身最长不超过 12 米，排水量最大为数十吨，吃水深度不足传统舰艇的几分之一，航行速度大约为 30～40 节，部分船艇的最高航速可超过 40 节，所以能在最短的时间内驶达传统舰艇无法到达的水域执行任务，比如狭窄巷道、浅水区等。

5）小巧灵活、隐蔽性好水面适应性强。无人船的外形比较小巧，可利用海浪、岛礁隐藏自己，从而降低遭到毁伤的概率，具有很强的生存能力。另外，无人船船体的强度极高，具有较强的抗腐蚀能力，可在各种水域工作。其中，70 千克和 120 千克系列无人船采用双体船，具有较强的抗风浪能力，可应对各种恶劣天气，平稳行驶；120 千克系列的无人船航行速度较快，荷载更大，抗风浪能力更强；300 千克系列的无人船采用三体船，稳定性更好，对恶劣环境的适应能力更强。

6）续航能力好，使用成本低。70 千克系列无人船的续航能力为 80 千米，120 千克系列无人船的续航能力为 100 千米，300 千克无人船使用了油电混合系统，续航能力超过 300 千米。因为无人船无须配备太多人员，降低了人员维护成本，不仅可以大规模部署，而且可以打破气候条件的制约随时出海作业，全天候执勤，在很大程度上降低了使用成本。

6.1.3 新技术：无人船的关键技术

从国内外现有的研究来看，无人船涉及的关键技术大约有以下几种。

◇ **航线自动生成与路径规划技术**

一般情况下，静态航线自动生成与路径规划技术可划分为两个类型：一种是以电子海图为基础形成的航线自动生成与路径规划技术，该技术通过电子海图获取水深、障碍物等信息，通过这些信息明确可航区域和不可航区域，然后用Dijkstra算法、AI算法等智能搜索算法在可航区域寻找最短航行路径。

当然，这个最短路径不一定是最终的实际航行路线。比如，规划的最短路径可能按照IMO（国际海事组织）推荐的航道反向行驶。为解决这一问题，另一种以轨迹分析为基础的航线自动生成与路径规划技术应运而生，该技术根据船舶历史航行轨迹，采用轨迹压缩、轨迹聚类等方法规划出切实可行的航行路径。除此之外，还要为基于动态环境感知的局部航线自动规划问题提供有效的解决方案。

◇ **通信技术**

无人船的通信技术涉及三个方面的内容，分别是无线电通信、水声通信、光学通信。这些通信技术主要用在无人船与母船之间、无人船和无人船之间，通信内容主要是母船对无人船发出的指令，无人船向母船反馈的视频信息及运动状态信息等。

至于通信媒介，如果是短距离通信可直接采用高频通信，如果是远距离通信可采用卫星通信。超高频扩频通信与卫星通信信号在海上传输过程中经常发生衰耗或受到多重干扰，在此情况下，无人船通信就要重点解决传输抗衰耗、抗多普勒频移、抗多种干扰的问题。

◇ **自主决策与避障技术**

无人船航行对远程操控人员有较强依赖，无人船技术研究要尽可能降低这种依赖，增强无人船的自主决策能力与智能避障能力，同时发展多艘无人船协同作战,使无人船可独立执行远程探测、信息搜集等任务。无人船要想实现高度智能化与全自动化,必须具备自主决策与智能避障能力。目前,已有很多科研机构在船舶智能避障技术方面做了深入研究。

◇ **水面物标探测与目标自动识别技术**

对于无人船来说,水面物标探测与目标自动识别技术是其实现自主决策与自动避障的基础。因为无人船的船身较小,抗风浪能力较差,导致无人船传回的视频不稳定、图像质量较差,所以水面物标探测与目标自动识别技术要率先解决视频稳像、图像质量增强与平滑问题,然后要对适用于水天线与水岸线条件的水界线检测技术、适用于低信噪比与动态背景条件的目标检测技术、在多源数据关联与融合的基础上形成的水面目标跟踪技术进行研究。

有研究者提出了一种在光视觉的基础上形成的水面图像处理技术,使用 Mean-Shift 搜索模型和 Kalman 滤波预测模型对水面图像中的目标位置信息进行跟踪,将两者的优势相结合,使跟踪速度得以大幅提升,并使其对目标尺度变化的影响大幅下降。

现阶段,自主性技术、避碰技术、避免威胁技术、目标自动识别技术、子任务自动部署和恢复技术仍处在探索研究阶段。在无人船应用方面,水质采集、单波束测深实现了成熟应用,船载设备收放还需要进一步研究。

6.1.4 新格局:改变船舶的设计与运营

无人船是随人工智能及数字通信技术的发展出现的一个"新"产品。随着电子传感器、计算机、通信技术不断发展,人们产生了一系列关于无人驾驶的设想,比如无人机、无人车、无人船、无人火车等。目前,无人机与无人车已成为现实,世界各国的研究机构开始聚焦无人船的设计与研发。

2016 年 4 月,Rolls-Royce(罗尔斯 – 罗伊斯)公布了一个无人船项目——高级无人驾驶船舶应用开发计划,其总裁 Mikael Makinen(迈凯尔·马基宁)对无人船的发展有很高的期待,认为无人船代表了船舶行业的未来,将使整个船舶设计与运营行业发生翻天覆地的变化。另外,还有人认为:无人船的遥控与驾驶还将使航运公司、造船厂、船舶设备供应商等船舶行业参与者的角色被重新定义。

持续对船舶进行实时监控能让船舶更好地融入物流与供应链系统，提升世界各国航运公司船队的运行效率，降低运营成本，增加收入。在这种情况下，新的船舶业务将应运而生，比如在线货运服务业务、新型联盟创建、资产组合与租赁等。这些业务中的部分业务是面向市场现有参与者开展的支持性业务，其他一些业务更具颠覆性，会引入更多新的参与者抢夺现有的市场份额。

无人船的关键能力就是能对周围的情况进行实时感知，并将感知到的信息及时传输到控制系统或运营中心，从而完成复杂的操作，精准地躲避障碍物，顺利到达目的地。Rolls-Royce 正在研发情境感知系统：将高清可见光及红外摄像机捕捉到的图像和激光雷达、雷达测量结合在一起，绘制船舶周围详细的环境图像。然后将信息传输到远程操控中心，由船长做出合理的决断，或由计算机系统进行处理，制订下一步行动计划。

远程操控船舶的船长与无人船的导航系统还能获取更多来源的信息，比如卫星导航的修正信息、天气状况、其他船的位置信息等，可以综合这些信息做出合理的决断。目前，船员早已习惯使用多个来源的数据与电子辅助设备与系统。目前，用来对船舶主要设备运行情况进行监测，保证发动机等设备正常运行的系统早已在船上得到广泛应用，可以为导航方案的确定进行辅助。

未来，船舶关键系统中嵌入的传感器将获取更多数据，监控范围将大幅拓展，将涵盖主机、起重机、其他甲板机械、螺旋桨、船首推进器、发电机、燃料过滤装置等设备。在这些信息的辅助下，系统可确定这些设备是否在正常运行。一旦船舶的关键部件发生故障，可以立即呼叫下一个港口安排预防性维护，如有必要还可以请求维修人员登船维修。

无人船在航行过程中需要将收集到的数据及时送达岸上，所以，无人船需要配备稳定的实时通信链路。在这方面，公海船舶使用的卫星通信服务效果就非常好，尤其是 Global Xpress 卫星，未来，该卫星可为世界各地的无人船提供高速宽带连接服务。

6.1.5 新趋势：无人船助力智慧航运发展

随着人工智能、大数据、云计算等新兴技术的不断发展与突破，航运业从信息化时代走向智能化时代已在人们意料之中。在"新时代·大航海·强国梦——

智慧航运与未来"的峰会上，交通运输部总工程师表示"智慧航运是当前全球航运业发展的趋势，也是我国推进交通强国、海洋强国建设的重要内容。"作为一种新业态，智慧航运的核心在于航运要素与现代信息、人工智能等高新技术的深度融合。

近年来，随着互联网技术迅猛发展，传统的商业业态与物流体系发生了极大的改变。在互联网及大数据的支持下，很多传统实体零售商退出了市场，传统陆上运输业的格局也发生了极大的变化，运输企业在市场上的角色定位也有所改变，从市场主体演变为物流平台运营商的跟随者。

虽然航运只是整个物流过程的一环，但因为属于重资产行业，所以依然维持着主角地位，但业态模式比较落后，运营成本较高，导致其始终无法被市场认可。近年来，大型平台运营商动作频出，力争取代现有的货运代理商与小型航运企业货运平台。从这方面来看，如果航运业自身的业态模式不改变，航运市场也只能暂时回暖，始终无法突破现有困境，无法获取更多利益。

无论在技术层面，还是在实际应用层面，我国全自动化集装箱码头始终名列前茅，下一步就是提升现有的技术水平，对先进技术进行推广应用，探索人工智能等技术在其他货种专业码头的应用方法。

无人化货船是无人船发展的重要领域。现如今，无人化货船的技术障碍已经消除，剩下的就是人们认知、接受过程及相关方面的利益平衡问题。

要想提升人们对无人化货船的认知程度与接受程度，关键在于让人们认识到无人化货船的运输价值。如果无人化货船能在降低成本、提升效率的同时提升安全、环保水平，就能很好地被社会、政府、企业接受。

至于相关方的利益平衡问题主要是解决海员、相关从业者的再就业问题。从有人船舶到无人化船舶必将经历一个逐步演变的过程，而且在新的航运业态下必将出现一批新职业、新岗位。随着各利益主体的利益达到相对平衡，无人化货船面临的障碍将逐步消除。

从机会角度来看，现如今，关于大规模船舶运输无人化的研究刚刚开始。因为我国属于航运大国，所以研究基础比较丰富。随着信息化建设持续推进，我国无人化船舶领域形成了完善的监管体系与服务网络，积累了大量数据，为系统研究与开发创造了很好的条件。

在人工智能、云计算、大数据、物联网等领域，我国的科技实践能力不断提升,屡屡打破世界纪录的高铁、自主完成的深海探测工程等项目都证明我国在关键技术方面拥有强大的自主研发能力,在集成方面拥有领先优势,这些工程可从经验与体制层面为无人化货船发展提供强有力的支持。也就是说,只要抓住机遇,我国智能航运就有可能从跟跑发展为领跑。

从动力方面看,我国航运业及造船业的转型升级拥有强劲的内在驱动力,而且在"一带一路"倡议及海洋强国战略全面推进的背景下,随着交通强国及创新型国家战略的提出,智能航运将被推向显著位置,因为这些战略可通过智能航运落地实施。

换言之,智能航运的发展不仅有利于深海航运业顺应供给侧结构性改革趋势进行自我改革,提升自身的竞争力,响应交通强国建设,还能构建起新的技术优势,形成新的经济增长点,推动相关产业创新发展,推进创新型国家建设。

而且,智能航运的发展还有助于全球航运体系及全方位、多层次、复合型交通网络的构建,为"一带一路"建设提供强有力的支持。总而言之,现阶段,我国要大力推进智能航运建设,借此推进交通强国战略落地,共同打造智能航运强国。

智能航运的发展要坚持四大原则:

1) 以市场为主导,让政府充分发挥引导作用。首先,要建立健全推进机制,做好统筹协调与规划引导,不断完善政策环境,为智能航运领域的技术创新、资本引进、业务创新提供一个良好的外部环境。其次,智能航运的发展要坚持以企业为主体,遵循市场规律,充分发挥市场在资源配置、技术研发、推广应用等方面的作用。

2) 系统布局,示范带动。做好顶层设计,对智能航运发展进行统筹,对各阶段、各环节、各领域的战略性任务进行系统把握,推动智能航运实现全方位协调发展。聚焦试点示范,不断总结提升,做好风险管理,为智能航运的有序发展提供强有力的保障。

3) 科技引领,重点突破。聚焦智能航运的科技前沿,做好基础研究,创造具有前瞻性和引领性的重大成果。将优势资源聚集在一起,做好自主核心技术的研发工作,攻克系统集成难关,抓住机会推动智能航运迈步发展。

4) 开放合作,共享共赢。鼓励跨行业开展产学研用合作,大力推进智能航运理论方法、装备系统、工艺技术、标准规范的研究与应用。积极引进先进技术,与西方发达国家合作,推动全球智能航运事业不断发展,共享发展成果。

6.2 世界各国在无人船领域的研发应用

6.2.1 智能航运系统

近几年，人工智能迅猛发展，逐步渗透到各行各业，航运业也不例外。人工智能等新技术与航运深度融合形成的新的现代航运系统就是智能航运。智能航运系统包含五个子系统，分别是智能船舶、智能港口、智能航保、智能航运服务、智能航运监管。下面对智能航运的这五个子系统的发展现状进行具体分析。

◇ **智能船舶**

智能船舶是借助物联网、传感器、通信、互联网等技术对船舶自身、航行环境、港口等方面的数据进行自动感知，并利用大数据技术对这些数据进行分析，使船舶航行、货物运输、船舶管理与养护均实现自动化。

一般来说，智能船舶可划分为三个技术等级，分别是初级、中级和高级。

初级智能船舶只具备辅助决策功能，就是通过使各个舱室、仪表、设备实现数据化、信息化，让设备对感知到的信息进行自主分析给出最优选择，辅助人类决策。

中级智能船舶可实现部分自主操作与远程遥控，不仅可以自动感知信息，辅助人类决策，还能自动执行一些命令。当然，这些命令需要相关人员提前输入，机器只能执行人类允许的这些行为，或者在自动执行一些行为之前通知人类负责人。

高级智能船舶集成了多种智能系统，可以全程无人自主航行。

从理论上来讲，只要有足够强大的技术条件支持，船舶就能实现无人自主航行，但不是所有船舶都需要具备自主航行功能。在各类船舶中，货船最需要进行无人化改造。所以,未来,货船必将向无人化方向发展。具体来看,货船的无人化要经历三个发展阶段。

(1) 初始阶段:船舶无人化技术逐渐成熟

这个阶段至少要经历 5~8 年的时间,在此期间,人们对船舶无人化的认知逐渐统一,船舶无人化的发展方向逐渐明朗。船舶无人化发展将专注于打破现有技术,创建新的法律法规,建立智能化船岸协同系统,对相关人员开展技能培训。经过一系列研究、试验,无人化船舶将初步具备智能化功能,适合无人化船舶发展的技术环境也将越发成熟,实验性无人化船舶将开始试运行。

(2) 过渡阶段:有人船与无人船共存

这个阶段至少要经历 15 年的时间。在此阶段,随着研究、应用、试验持续推进,无人船各个关键技术难关逐步攻破,相关法律法规逐步完善,支撑船舶自主航行的系统逐步建立,相关人员的技术培训也取得了一定的成绩,国内外的造船企业开始批量建造无人船,并将无人船投入特定区域使用,从而形成无人船与有人船共存的现象。

(3) 成熟阶段:无人化货船渐成主流

在此阶段,智能航运体系基本成型,船岸智能一体化被广泛用于各个港口及航运企业,无人化货船逐渐承担起货物运输的重任。

◇ 智能港口

智能港口将人工智能等新技术全面融入港口管理与运作,促使港口生产、港口服务与港口管理实现智能化,构建一个良好的港口业态,让港口与传播的进出、靠岸、离岸、货物的装卸、仓储、旅客上船、离岸均实现高度协同,从而切实提升港口的运作效率及安全水平,在最大限度上实现节能环保、降低经营成本。

智能港口也可以划分为三个类型,分别是初级智能港口、中级智能港口和高级智能港口。

初级智能港口:港口管理实现了信息化,生产系统的自动化运行需要人类操作人员提前设定好,部分设备与环节实现了智能化运作。

中级智能港口:港口管理实现了高度信息化,部分设备与环节基本实现了智能化，生产作业与管理不再需要大量人类工作人员参与。

高级智能港口：人工智能等技术全面融入港口业务，构建了一个全自动化的大型专业码头系统，现场作业也基本实现了无人化。

◇ **智能航保**

智能航保的全称为"智能化航行支撑服务保障系统"，指的是以传感器、互联网、物联网、人工智能、云计算、大数据等技术为依托，构建一个智能化的航运信息服务平台，并使船舶定位导航、数据处理、通信传播等系统均实现智能化，从技术层面辅助无人船实现自主航行，同时也通过信息整合、交换与分析辅助相关人员做出科学的应急决策，进行必要的行政干预，从而构建平台化航运服务，保障智能航运网络的信息安全。相较于传统航保来说，智能航保不仅要升级技术，还要拓展功能，以满足智能航运的运行发展需求。

◇ **智能航运服务**

从本质上看，智能航运服务是一种电子商务，它通过开放的、标准的、在单源或多源信息的基础上建立的信息系统与平台为需求方提供航运服务，并与需求方开展服务交易。

智能航运服务的显著特征是交易平台化，主要有两种形式，一种是乙方平台，另一种是丙方平台。乙方平台指的是航运服务的提供者自己创建的平台，丙方平台指的是第三方创建的平台，可以简化航运选择及交易环节，降低航运成本，解决服务信息提供延时、不系统、不完整、不充分等问题。

◇ **智能航运监管**

智能航运监管指的是利用现代信息、移动通信、人工智能等技术，让航运监管模式、监管方法、监管手段、取证、应急决策根据监管对象的变化做出相应的调整，促使其实现健康有序发展。智能航运监管作用于传统监管对象主要是提升监管效率与效能，降低管理成本；智能航运监管作用于新业态则要解决监管手段的适应性问题，促使监管依据、监管模式、监管标准和监管机制可以实时更新。

6.2.2　欧美在无人船领域的研发与应用

20世纪60年代，美国等国家已经开始将无人艇船队应用至军事领域。近两年，物联网、大数据、人工智能等技术的快速发展，为无人船等智能船舶的设计研发提供了强有力的技术支持。

研发无人船受到了世界多个国家的青睐，比如，挪威设立无人船实验区、韩国打造了无人船通用技术平台、丹麦启动无人船研发项目、荷兰正在积极研发能够进行载人和货运的浮动自驾无人船。

当然，推进无人船等智能船舶行业的持续稳定发展，需要建立完善的法律法规。2017年2月，以美国为首的9个成员方向国际海事组织（IMO）海上安全委员会提交无人船立法方案。2018年5月，在IMO海上安全委员会第99次会议上，IMO正式宣布将研究并制定相关公约规范解决海上水面自动船舶（Maritime Autonomous Surface Ships，MASS）的安全、安保、环保等一系列问题。目前，美国、英国等国家已经进入无人船立法阶段。

◇ 欧洲正在研究无人船运营法规

目前，无人船建造技术已经成熟，更大的问题在于监管机构是否允许无人船出海航行。目前，世界各国都没有对无人船做出明确规定，比如是否允许无人船出海航行，如何为无人船提供保险服务，如果无人船在航行过程中发生事故要如何判定责任人等。目前，欧洲国家的相关机构正在努力解决这些问题，探讨制定无人船运营法规。

这些机构大多是高级自主水运应用（AAWA）项目的成员，其中之一是由7个成员共同组成的欧洲无人驾驶海事系统安全与监管机构（SARUMS），以瑞典为主导，还有一个是英国的海事无人驾驶监管工作小组。这些机构为无人船运营法规的制定做了很多工作，只希望在《国际海上生命安全公约》更新时可以体现新技术的发展。对于监管者来说，无人船的安全是其最关心的课题，为此，工程师正在努力将各种新技术用于无人船的研发与生产，从而使无人船可以在最大限度上规避航行风险。

◇ 10～15 年内远洋无人船将成为一种常态

无人船的出现是必然趋势，只是时间早晚的问题。根据 Rolls-Royce（罗尔斯－罗伊斯）公司预测，近几年将出现第一艘完全无人驾驶船舶。初期，这种船舶的类型可能只是港口拖船或渡轮，至于完全无人驾驶远洋货船的普及应用则还需要 10～15 年的时间。为此，Rolls-Royce 在芬兰创建了第一个合作项目 AAWA，该项目的发展目标是真正实现对船舶的自动化控制，让船舶完全实现自动化运行，并争取在 10 年内在沿海水域得以成功应用。

同时，欧盟也发起了 MUNIN 项目，致力于研究海上无人驾驶智能网络导航系统，该项目以 Fraunhofer 海运物流和服务中心为主导，从技术、经济、法律三个领域着手对无人驾驶商用船舶在海上运行的可行性进行评估。

除此之外，DNV GL 正在对电动无人驾驶船舶在挪威海岸线沿线行驶的可行性进行研究；中国海事局与武汉理工大学合作对无人多功能海事船舶进行研究，以期让自动驾驶船舶在商业领域、军事领域均得以应用。由中国船级社、珠海市政府、武汉理工大学、云洲智能共同研发的全球首艘小型无人货船预计在 2019 年率先实现商业运营。

挪威海事局和挪威海岸管理局签署协议允许无人船在特隆赫姆峡湾进行海试，特隆赫姆峡湾成为全球第一个可以用来进行无人船测试的区域。同时，Rolls-Royce 和其他公司的无人船项目还吸引了芬兰海洋工业协会、交通和通信部、芬兰创新资助局等机构加入，以期在波罗的海开展无人海洋运输领域的研究与探索。

未来 2～3 年无人船必将出现，到 2025 年，一些航运公司将开始运营无人驾驶的远洋船舶，到 2030 年，无人船将实现普及应用。从长期看，随着无人船的出现，整个航运业将发生翻天覆地的变化，还有一系列变化正处在孕育阶段。随着无人船取代普通货船，全球供应链运作将彻底改变，新服务将应运而生。

6.2.3 我国在无人船领域的研发与应用

我国政府在"互联网＋"行动计划、《中国制造 2025》等中指出，要扶持引导智能船舶等战略性新兴产业、提升船舶智能化水平，这将为加快我国船舶数字化、信息化、智能化进程带来强大推力。

无论无人船采用何种技术与方案，制约其发展的因素都非常多，具体来看包括信息传输的安全性、远程操控的稳定性、动力装置的可靠性。

2015年，我国工信部启动"智能船舶顶层规划"项目，中国船级社（CCS）同年发布全球首份《智能船舶规范》，明确了智能船舶的定义、目的、功能、技术要求、应用范围等。2016年，工信部又启动"智能船舶1.0"项目，研究设计超大型集装箱船、超大型矿砂船、超大型原油船等示范船。

2015年12月，中船集团在智能船舶发展论坛上发布了一个设计方案——I-Dolphin，该方案的研究对象是一辆载重量3.88万吨的散货船，利用大数据、信息技术对船舶的运行状态进行实时监控，对其整体性能进行评估、分析，以制定最佳的航行操控方案与行船路线，将人为操作失误引发的安全事故的发生率降到最低。

在中船集团公布的设计方案中，这艘无人驾驶船舶不仅配备了常规的动力系统、居住系统和操作系统，还增加了实时通信模块，可在航行过程中通过卫星信号和岸上的控制中心就船舶的行驶状态及设备运行情况进行沟通，并增设了专家系统对船舶实际运行情况进行分析，从而制订科学的操作方案，对船舶上的设备是否需要保养做出科学判断。从理论上看，I-Dolphin可实现自主思考，无须人为干预便可实现自主航行，但因为目前的通信技术及自动化控制技术还存在一定的缺陷，为保证航行安全，船上依然配备了船员，以及时应对自动化系统故障，保证船舶安全。

2017年3月，海航科技集团和CCS同国内外六家单位共同发起成立"无人货物运输船开发联盟"，计划将在2021年前成功交付首艘无人货物运输船。2017年11月28日，中国船舶工业集团公司建造的世界首艘智能船舶——中船I-Dolphin 38800吨智能散货船命名交付，该船具备机舱辅助决策、船舶健康管理、智能航行等多种功能。此前，Rolls-Royce的副总裁认为全尺寸无人船在海上试行至少在2020年才会实现。

2017年，我国时隔40多年再次启动了青藏高原综合科学考察研究活动，2018年9月考察团队在拉萨发布了首期考察结果，在破译"青藏密码"的路上迈出了坚实一步。其中，河湖源考察使用了无人机、无人船和科学实验卫星等新技术和新设备采集数据。在考察过程中，无人船等先进设备的应用为考察活动的开展带来了诸多便利。

事实上，无人船等智能船舶已经成为国内外业界研究的重点领域，通过无人船开展环境监测、区域巡航等项目也初步取得了良好的实践效果，对无人船发展现状、应用优势、社会影响、发展路径等进行深入分析，进一步加快无人船等智能船舶行业发展进程，以及增强我国科研实力、价值创造能力等具有极高的价值。

6.2.4　案例：Rolls-Royce 的无人船项目

2016 年 3 月，英国著名的航空发动机公司——Rolls-Royce 旗下的 Stril Luna 海工船问世，这艘船成功应用了 Rolls-Royce 提出的"智能化桥楼"这一概念。此外，Rolls-Royce 公司还在挪威完成了远程导航虚拟现实系统的测试，该系统主要用于船舶，可借助船身上安装的摄像头与传感器全方位监控船舶，并将监测视频与画面及时传送到控制中心，再利用三维动画与虚拟现实技术将这些画面通过终端显示屏展示出来，让船舶的操控者看到，以便操控者通过操作手柄对船舶进行操控，比如控制船舶的发动机、搬运货物等。事实上，从某种意义上来讲，全球首艘无人船已经问世，就是 Stril Luna 号海工船。

2016 年 4 月，Rolls-Royce 公司发布了无人驾驶货船岸基控制中心运营版本，又一次向世人展现了"无人航运"这一概念。通过 Rolls-Royce 公司发布的视频、图片可以知道，该版本展示的是一个小型岸基监测与控制中心，可容纳 7～14 人，可通过交互式智能屏幕、语音识别系统、全息图和无人机对位于世界各地的船队进行监控，实时获知船队的运行情况及船上、船舶周围正在发生的事情。

对于无人船来说，陆地运营中心必不可少，无人船在航行过程中需要有人在岸上对其进行操控。船舶的类型不同或船舶所处的航行阶段不同，需要的监督控制水平也不同。在远海行驶的货船对人力监督的需求比较少，一个船长可同时监控多艘船只，而在近岸海域行驶的船只与进出港口的船只则需要大量人力监督，以免发生碰撞或其他意外。为此，无人船航行需要一个可靠的远程控制系统。

为做好这个远程控制系统的研发，Rolls-Royce 公司汲取航空、核能、空间探索、水手模拟培训系统构建方面的经验，与人体工程学，系统的实用性、易用性等因素相结合，致力于远程控制系统及远程控制中心的研发。在该领域，Rolls-Royce 积累了一定的经验。在此之前，Rolls-Royce 公司的工程师设计了 Unified Bridge 船桥，这个船桥彻底颠覆了传统的船桥样式，为船员打造了一个更舒适、更干净、更安全的环境。Unified Bridge 船桥诞生于 2014 年，迄今为止，该船桥已在拖船、大型游艇、极地研究船等不同类型的船舶中得以应用。

6.3 我国打造智慧航运强国的策略与路径

6.3.1 路径1：提高信息传输的安全性

安全性是无人船能够成为各国船舶行业发展主流方向的关键所在。船舶行业面临着较为严重的同质竞争问题，产能过剩、价格战泛滥，更为高效、安全、绿色、智能的船型成为船企的破局之策。在这种背景下，无人船的低成本、安全性优势得到充分体现，将会引发船舶行业基础设施、产业合作及管理模式等方面的转型升级。

船舶中的消防、防污染、生活设施等设备主要服务于船舶工作人员，而无人船作业过程中不需要人的参与，这些设备可以直接去除，能够降低船舶重量与制造成本，减少能耗，从而有更多的空间用来装载货物。罗尔斯－罗伊斯公司指出，得益于在更低质量与更小的空气阻力等方面的优势，无人船将节约12%~15%的燃料。

在技术角度上，通过对船舶、港口等实时动态数据进行充分整合，可以帮助企业对供应链与物流方案进行优化完善，显著提高运输效率。

此外，在船舶发生海上事故的诸多因素中，人为决策与操作失误无疑是主要因素之一。2018年4月，日本保险协会发布的关于船舶和港口事故的报告中指出，近80%~90%的事故是人为原因造成的，这些事故并非是由一个错误引发的，而是一系列错误。而无人船的运行将由智能化的专家决策系统和远程遥控系统控制，需要人为干预时，控制人员也可以在操作环境更为良好的岸上控制中心进行远程操作，这将显著提高船舶运行的安全性。

无人船投入商业运营前必须解决信息传输的安全性问题。在2016年3月召开的RSA加密算法安全大会上，Verizon RISK安全团队讲述了一个事件：海盗劫持了一艘货船，没有劫持船上的人员索要赎金，而是迅速找到集装箱，将集装箱内的贵重物品抢劫一空。

根据 Verizon RISK 安全团队的调查，海盗事先入侵了该企业的提单管理系统，获知该货船运送的商品种类，从而提前锁定了抢劫目标，开展了一场高效率的抢劫活动。通过这个事件可以看出，未来，海盗可能不会再暴力抢劫，很有可能事先侵入船舶的控制系统，将船舶控制之后再进行抢劫。

未来，航运业发展必须考虑信息与数据安全问题。目前，在陆地互联网系统防范方面，人类已积累了丰富的经验，无人船控制系统完全可以借鉴这些经验防止黑客入侵，保证数据传输安全。当然，除船舶控制系统之外，航运企业也要维护自身信息系统的安全，提升信息系统的安全等级。虽然目前很多航运企业已经配备了先进的网管系统，可通过该系统实时查看船舶的运行状态，确定货物是否安全，甚至可以监测某一设备的运行状况，但在实际应用过程中，这些系统大多处于"裸奔"状态，其作用得不到有效发挥。如果海盗无法成功入侵无人船的控制系统，也可以对航运企业的船队管理系统发起攻击，通过数据分析挑选出机械设备发生故障的船舶，提高登船抢劫的成功率。

6.3.2 路径2：提升动力装置的稳定性

在技术层面，无人船还要解决船舶动力装置运行的稳定性问题，通过持续稳定的推进动力保证船舶航行安全。无人车在行驶过程中发生故障可及时获得维修，但无人船航行在海上，一旦发生故障维修不易，所以对于无人船来说，保证动力装置稳定十分重要。

目前，民用船舶最常使用的动力装置就是低速柴油机，这种动力装置的运动结构非常复杂，速度慢，稳定性差，遇到恶劣海况、需要低速航行等情况依然需要海员手动操作，尤其是在设备发生故障的情况下。从这方面看，低速柴油机难以满足无人船对动力装置稳定性的要求，不适合在无人船上使用。

相较于单机单桨的常规货船来说，双机双桨船舶的动力装置更稳定，在推进冗余度方面更有优势。但受工作原理的限制，一旦负载突然发生变化，低速柴油机根本无法稳定运转。

对于无人船来说，最佳的动力布置方案可能是不同类型的柴油机与驱动推进器相结合，这类船舶将使用两种不同类型的主机与驱动推进器，海况正常时使用低速二冲程柴油机驱动，这种驱动方式更经济；如果主推进柴油机失效，可以立即起动四冲程柴油机，这种柴油机更加可靠，可以为船舶航行提供源源不断的动力。

除此之外，无人船还可以使用电力推进。相较于柴油机直接驱动推进器方案，电力推进更加稳定、冗余度更高，还更容易实现远程操控。但因为目前行船的人工成本还可以接受，对于船舶公司来说，与其额外投入一笔费用增加一套推进系统或使用电力推进，不如直接雇用船员进行操作更省时省力。

6.3.3　路径3：增强远程操纵的可靠性

对于无人船来说，在未来的发展中还需解决远程操控的可靠性问题。因为海上环境比较恶劣，再加上海水阻力的影响，船舶很难像汽车、飞机一样实现灵活操作。飞机、汽车、火车早已实现一人驾驶，船舶却迟迟无法实现。在现有的几种交通工具中，船舶被视为最难驾驶的交通工具。

"Stril Luna"号无人船是一艘海工船，可在恶劣海况下行驶，船身瘦小，行驶起来更加灵活，配备了大功率推进系统与首尾辅助推进装置，操纵性能较强，更容易实现远程遥控。受经济条件的制约，相较于配备了各种先进设备的海工船来说，普通远洋货轮的操纵性要差很多，操作过程也更加复杂。所以，大型船舶在航行过程中多根据船长的经验进行决策，控制船舶的运行状态，如果采用人工智能操控或远程操控势必会增加船舶航行风险。

"无人机舱""一人桥楼"技术可视作"无人船"概念的前身，由这两大技术在远洋运输船舶上的实践经历可以得知，远洋无人运输货船的实现还需不断探索与实践，这个过程可能要花费相当长的时间。

"无人机舱"又叫"周期性无人值班机器处所"，它用各种传感器、信号控制系统取代传统的轮机管理人员，由这些设备监测船舱内设备的运行情况，控制船舱内设备的运行，目前已广泛应用于大多数远洋货轮。虽然这类船舶的机舱设备都实现了高度自动化，但船舶在航行过程中依然有可能发生需要人工排除的机械故障，为保证船舶正常运行，船长通常会安排船员轮值，以在故障发生时及时做出响应。

"一人桥楼"是一种驾驶台自动化设计理念，主要采用电子集成技术在驾驶员触手可及的范围内布设船舶操控面板，让船舶操纵人员可以像飞机驾驶员、汽车驾驶员一样灵活地操控船舶。但相较于飞机、汽车来说，船舶驾驶需要的操控动作更加复杂，很难一个人独立完成。为保证船舶航行安全，即便船舶配备了"一人桥楼"也会安排两名操作员值班。

在无人船未来发展的过程中，即便制约其发展的信息传输安全性、动力装置稳定性、远程操纵可靠性三大问题都能顺利解决，出于安全方面的考虑，航运业及航运相关行业对无人船的认可度也不会有很大的提升。即便无人船可以很好地规避人为因素造成的风险，但同时也会产生很多无法预知的风险。再加上，短期内，关于无人船的海事法规不会出台，所以，未来很长一段时间，无人船都很难在航运业得以有效应用。但随着船舶自动化水平不断提升，船舶配员必将逐渐减少，这是航运业发展的一大趋势。

6.3.4 路径4：发挥航海保障服务功能

从本质上讲，无人船是一种全自动水面机器人，无须人工驾驶，能够自主完成驾驶、维护保养等工作。海运作为国际物流的主流运输方式，承担着国际贸易超过2/3的货运量，因此无人船市场前景十分广阔。

在无人船时代即将来临之际，通过视觉航标、VHF语音提供助航服务信息等传统手段将变得不再适用，更为主流的是结合无人船操控系统工作特性、任务要求、航行周边环境等提供定制化的助航服务。

在这种情况下，为了充分发挥航海保障服务功能，需要做到：为无人船控制系统进行高效精准识别，提供无线电航标或具备强大机器视觉识别能力的视觉航标；完善海上通信基础设施建设，尤其是要打造出大带宽、高频率、高效率、高可靠性的海上通信链路；打造满足船船、船岸信息交互需求的通信平台，通过分析船舶类型与吃水量、水深、气象数据等，为船舶定制设计航线，同时，在船舶航行过程中提供水文气象、航行通告与警告等安全信息服务；建立实现模拟真实航行环境的仿真航行平台，提高无人船的技术性能与应急处理能力。

◇ **航标服务**

雷达、摄像头、红外传感器、陆地控制中心的协同合作可实现对无人船的有效控制。所以，在为无人船提供航标服务时，服务提供者应该更加侧重于利用雷达指向标、雷达应答器、无线电导航台、无线电指向标、传播自动识别系统、差分全球定位系统等无线电航标和应用机器识别技术的目视航标。

现阶段，船舶自动识别系统基站信号已经基本覆盖了我国沿海近岸主要通航水域、长江干线、内河4级及以上高等级航道、部分封闭水域等。在船舶自动识别系统基站支持下，船舶自动识别系统虚拟航标具有低成本、设置方便、船用电子海图识别与解析难度低等优势，这在未来无人船市场爆发之际将创造巨大价值。

◇ **通信服务**

无人船航行主要借助电子导航，这决定了它必须和岸基系统进行更为频繁的信息交互，从而使海上通信平台业务与应用需求将迎来爆发式增长。母船与其他无人船是无人船通信的主要对象，在这个过程中，无人船可以接收母船发出的各种指令及其他无人船提供的信息，同时，向母船和其他无人船反馈自身航行状态、周边环境等信息。

如今，大部分海事通信平台服务类型单一，带宽与数据存储空间有限，数据处理效率低下，已经很难适应海洋信息系统扩张需要，对提高海上应用系统功能与服务造成诸多阻碍。为了更好地迎接无人船时代，在完善通信服务方面，需要做好以下三点：

1）进一步完善卫星通信、甚小口径卫星终端站（VSAT）、甚高频数据交换系统（VDES）等海上通信链路建设，提高海上通信服务带宽、频率、效率及可靠性。

2）打造完善的海事云计算平台。云计算平台是世界各国的研究重点，它整合了分布式计算、并行网络计算、虚拟技术等多种技术，对多元信息资源和硬件结构进行高效配置，赋予系统更高的计算能力、传输效率及存储性能。

3）拓展船舶自动识别系统功能。比如，建立在VHF通信频段和SOTDMA通信协议基础上的船舶自动识别系统，在系统容量和通信系统传输带宽方面存在一定短板，已经无法满足规模不断扩大、频率快速提升的船舶与船舶之间、船舶与岸上之间的信息交互需要，而通过利用基于公网 GPRS／CDMA／3G 通信系统移动 IP 技术的自动识别技术，有望使该问题得到有效解决。

> **延伸阅读**
>
> 云计算平台利用标准服务技术支持的标准化 Web 服务技术进行通信，使参与各方的通信更为方便快捷、低成本。近几年，世界各国纷纷发布 E 航海战略后，屏蔽数据源、按需服务成为海事服务的主流趋势。在这种情况下，服务需求方不需要了解由谁通过何种渠道、设备为自身提供信息，而只需要知道如何能够方便、快捷地获得所需信息即可。
>
> 当然，这要求在标准统一的协议模型基础上进行船舶信息数据搜集和传输。与此同时，数据传输也要便于用户间的相互识别。我国已经开始了通过云计算技术构建"智慧海事云"的相关研究与探索，在海事云中，身份验证、加密与管理，以及服务发现等功能将具备标准化的协议；打造以服务为导向的通信系统，让全球开发者共同参与开发海事服务解决方案；建立一个开放型供应商中立平台，利用卫星、无线通信、互联网等通信渠道实现各方实时交互，促进信息等资源的流通共享。
>
> 基于海事云，智能手机、平板计算机、个人计算机等岸上异构软件系统，能够通过标准化接口、协议和访问控制权，和各类船舶及海上结构的异构软件系统进行高效、低成本交互。

◇ 构建统一调配的海事信息共享大平台

如果没有统一调配的海事信息共享大平台，当航行中的船舶遭遇突发状况时，可能会出现有的岸上指挥者要求其从左侧加速超过前方船舶，而有的岸上指挥者却要求其从右侧加速绕过前方船舶，从而造成决策混乱问题。

多龙治水问题的存在，使我国海上监管和服务部门各自问政，数据资源难以流通共享，无法充分发挥其潜在价值，而且重复建设问题也造成了较为严重的资源浪费，难以为船舶提供高效、便捷的海上安全信息服务。

当存在一个能够统一调配的海事信息共享大平台时，相关部门便可以将船舶航线信息进行汇总，提高数据资源利用效率，更好地为船舶航行提供安全信息服务。比如，综合运用船舶自动识别系统、电子海图显示与信息系统、水深数据模型、环境管理工具等为船舶进行航线定制设计；对各类海事信息（比如，航道、港口、航标、海况、航运管理、货物、航运市场、公共服务等方面的信息）进行搜集、整合、分析、交换、应用等，建立基于海量数据、基本对涉水活动实现全面覆盖的信息资源池，实现对数据潜在价值的深度发掘。

当然，在建立该平台前，首先需要建立统一的 E 海航系统基本架构规范数据源标准，并结合海事、港航等不同组织的差异化需要，将数据中心输出的源数据整合到各组织的信息系统之中，在此基础上，应用大数据、云计算等技术对数据进行发掘、分析，借助公网、卫星链路、甚高频等渠道，为门户网站、App、微信公众服务平台等平台中的用户提供定制服务。

◇ 研究开发"无人船仿真和虚拟训练系统"

目前，主流的计算机仿真系统将人定位为旁观者角色，无法让系统输出的内容随着用户视角的差异做出有效调整，交互性较差，难以让用户产生带入感、沉浸感，需要人向计算机妥协。而虚拟现实仿真技术的发展与应用，使人机交互迎来新时代，在虚拟现实仿真系统中，人得到更多的尊重，能够主导虚拟环境，以某种角色融入虚拟环境之中，有更为良好的交互体验。

从本质上讲，虚拟现实技术是一种计算机仿真系统，它能够为用户创造视觉、听觉、触觉一体化的模拟环境，运用搭载传感器的各类设备自然地和虚拟环境对象进行交流互动，向用户提供近乎真实的感受与体验。具体到无人船领域，适用于无人船的仿真和虚拟训练系统将利用立体眼镜与音响、大屏幕显示设备、高级三维图形加速卡、位姿跟踪设备等先进设备，以及碰撞检测、音频虚拟、图像全景建模等多种新技术构建虚拟显示训练系统，让无人船智能系统与远程操作人员进行实操训练。

在电子地图支持下，航保部门可以对服务进行全面拓展，比如，使无人船能够实时获取虚拟水上环境实景模型；利用基于图像的全景建模技术，使场景模型更为立体化、更具真实感。一个典型的应用场景是，通过数码相机在目标水域现场拍摄一系列实景照片，然后通过平滑、拼接等技术生成 360 度全景图片，当用户从不同的视角观察时，可以从相应的位置对图片进行数字化变形处理，并将其投影到用户所处的虚拟场景中。

6.3.5 路径 5：健全海事法律法规体系

无人船将会引领船舶行业新时代，就像智能手机颠覆手机行业一般，无人船也将给船舶行业带来深远影响，重构行业市场格局。当然，无人船的发展，需要对现有的航运模式、运营管理、规范标准、法律法规等进行革新。

无人船的发展将会推动在线货运服务、船岸一体通信、货物监管控制等新兴船舶业务的快速发展，而且海量无人船自动驾驶运营数据被搜集、分析后，不但可以提高现有业务效率，还将开辟更多新市场。无人船通过网络传递指令控制船舶运行，网络安全将成为风险防控的重中之重。

随着无人船技术的不断研究与应用，港口、海事等数据资源将得到高度整合，这能为航路规划、物流运输、海事监管提供诸多便利。此外，由于没有船员参与，船舶运行责任界定和保险理赔规则也需要做出相应调整。

为了保障无人船的持续稳定发展，加快研究新的海事法律法规是很有必要的，具体而言，这种法律法规包括三个方面：

1）船舶安全法律法规，比如，对《国际海上人命安全公约》（SLOAS）中和救生设备、消防船舶配员、信号与报警要求等相关的条款进行修订与完善，对《国际海上避碰规则》（COLREG）中和瞭望航行决策、灯光信号交互等相关的条款进行修订与完善等。

2）船员管理法规，比如，在《国际劳工公约》《船舶最低安全配员规则》《海员培训、发证与值班标准国际公约》（STCW）等法律法规中添加无人船条款。

3）海上权益和责任法律法规，比如，对船长责任、海难救助、法律主体与保险责任等条款进行完善等。

无人船在航行过程中无法像传统船舶一般有船员进行日常维护，这就要求船舶系统必须具备更高的可靠性，并为船舶建立完善的设备健康管理体系，同时，搭配远程管理、运维保障等岸上支持。

无人船具有较高的系统集成度，而且实现和岸基的网联化、协同化，海关、边防、船旗国、港口国等机构在进行登轮监管时，将通过实时自动获取信息进行远程执法来取代登轮执法。港口和航道要设立与无人船运行相匹配的基础设施，并提供行之有效的管理方案。在标准规范方面，相关部门与行业协会要加快研究制定符合无人船的基础技术标准、安全标准、管理标准、检验评价标准等。

◇ 需要全方位支持

无人船具有十分广阔的发展前景，不过发展无人船并非是一件简单的事情，在技术、法律、运营管理等方面都存在一系列痛点，而想要打破无人船发展困境，需要政府、船企、船级社、科研机构、港口、解决方案供应商等多主体积极参与，为无人船行业提供全方位支持。

相关方面要对航运管理、船舶运营模式等进行研究创新，引导航运企业转型升级，重视船岸一体化对船舶安全提出的新挑战，同时，对共享经济浪潮席卷下的无人船创新业态进行引导规范。

在建立无人船海事法律法规体系方面，既要鼓励创业创新，又要确保安全有序，引导企业开展良性竞争，提高现行海事法律法规适用性，结合国内外船舶航运特性、需求等，探索行之有效的无人船运营监管政策。

无人船能够实现信息高度集成、实时共享，如果能够将无人船运营纳入大物流循环体系之中，将会对提高物流效率带来十分积极的影响。比如，由开发商帮助物流商实时提供货物状态监测、舱位预订等技术方案，可提高交易的安全性、可靠性，对打造基于无人船运营模式的货运信用体系具有重要意义。

为了降低试错成本，在条件合适的地区建立无人船试验区是很有必要的。在确定试点区域时，相关方面必须对气象、信号强度、通航密度、水文条件、示范效果等多种因素进行综合考量，逐渐积累运营管理经验，为无人船在全国范围内的推广普及奠定坚实基础。

第7章 自动化技术在港口码头的应用现状与实践

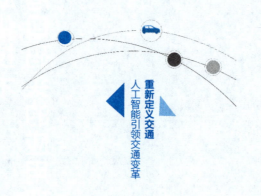

重新定义交通
人工智能引领交通变革

7.1 港口电气自动化发展现状与策略

7.1.1 我国港口电气自动化的发展现状

港口是非常重要的交通枢纽，连接着水陆交通，关系着船舶能否安全进出与停泊，对经济发展起着积极的促进作用。随着对外开放进一步扩大，港口发挥的作用越来越重要。现如今，为促进社会稳定可持续发展必须保证港口健康发展，在这方面，港口电气化是一项重要举措。实现港口电气化发展不仅可以对港口电气设备进行智能化控制，还能提升港口运行效率，推动社会经济更好地发展。

在加入世界贸易组织（WTO）之后，我国港口电气自动化的建设与发展速度有所提升，尽管如此，我国的港口电气自动化发展水平仍然无法与西方发达国家相提并论。到目前为止，尽管我国致力于计算机自动监控管理系统、专业化码头管理系统、散粮自动化系统等多方面的探索与研究，但由于我国的电气设备条件有限，技术水平也比较落后，无法有效推动电气自动化的发展，也无法实现普遍的应用。此外，很多传统港口尚未实现信息化管理，仍然使用老旧的设备，使得我国港口电气自动化的发展迟迟无法取得明显的进步，仍与发达国家之间存在明显的差距。换句话说，目前我国的港口电气自动化发展仍然蕴藏着巨大的开发潜力，急需进一步提高港口电气设备的可用性，充分发挥其实际应用价值，在原有基础上提高我国港口运行的效率，提升整体的管理能力。

现如今，我国港口电气化发展速度越来越快，很多港口基本实现了电气化，港口运行效率得以切实提升。以集装箱码头电气化为例，从20世纪70年代中期开始，我国开始大力发展集装箱运势，研发了C.C、RTG等设备，切实满足了港口运行需求。

虽然近几年我国港口电气化发展取得了一定的成绩，但相较于欧美等西方发达国家来说，我国港口电气化发展水平还有待提升。一方面，我国很多电气设备都依赖进口，自主研发设备比较少，部分设备比较落后，跟不上时代发展步伐；另一方面，受技术水平与电气设备等硬件条件的限制，我国电气自动化发展水平迟迟得不到提升，没能实现大范围推广应用，导致港口工作效率较低。目前，虽然我国港口电气自动化发展水平不高，但未来的发展空间很大，还能实现进一步发展。

先进自动化技术与信息技术手段的采用，加速了我国港口电气自动化的发展。应该着眼于当前，聚焦重点项目，敢于突破传统思维、理念的束缚，通过实施强有力的改革来提高港口电气运行的自动化水平。在具体的改革过程中，应该做到以下两点。

1）将硬件建设与软件建设融为一体，明确建设重点，发挥两者之间的协同作用。在港口电气自动化的建设过程中，要采用标准一致的电气设备与电气系统，提高电气自动化发展的效率，从整体层面推进我国港口电气自动化的建设。与此同时，还应该聚焦于技术研究与应用，注重发展港口电气管理系统，不断缩小与发达国家之间的差距。

2）集中优势力量开发码头综合管理、综合调度及其他相关软件，依靠自己的力量逐步建立结构完善的软件体系，从而降低对国外核心技术的依赖程度。在这个过程中，还要运用先进的技术手段，采用现代化的码头与装卸设备，优化管理系统，从各个方面推动我国港口电气自动化的发展，努力跻身国际先进国家之列。

总而言之，随着技术不断发展，电气自动化控制技术在国内工业领域中的应用范围将逐渐拓宽，其应用能够提高国内工业发展的现代化水平，为此，要提高对电气自动化控制技术的重视程度，充分认识其价值所在。

7.1.2　港口电气自动化的发展意义

对港口电气设备实施自动化的管理和控制，即为港口电气自动化建设与发展。以往，港口的控制系统是在遵循一定逻辑关系的基础上，通过导线实现触点、接触器、定时器及不同继电器之间的连接，自动化则能够实现控制系统向自动化、智能化的转型，实现集中控制。自动化具备十分明显的优势，能够在港口电气管理环节发挥重要的作用，并且拥有广阔的发展市场，能够使整个行业的发展紧跟信息化时代发展的步伐。

在各种交通基础设施中，港口占据着非常重要的地位，不仅有利于实现外向型经济，还能对国家经济建设与对外贸易的发展起到积极的促进作用。近年来，在"进一步扩大对外开放"政策的支持下，我国进出口贸易规模不断增长，港口吞吐量、集装箱吞吐量持续加大。在此趋势下，我国对外贸易发展速度越来越快，港口发挥的作用愈发重要，对港口的要求也越来越高。

过去，港口一直采用传统管理手段，货物装卸效率比较低，要想进一步推进港口经济发展，就必须改变这种传统的运行方式，港口电气化是一个不错的选择。港口电气化就是使港口电气设备管理与运行实现自动化，让港口设备实现自动化控制，从而降低港口运行成本，提升运行效率，加大港口吞吐量，为港口经济发展产生强有力的推动作用。

港口电气自动化的建设与发展离不开核心技术的支持。在核心技术方面，西方发达国家的发展更具优势。我国在发展港口电气自动化的过程中，应该积极学习、借鉴发达国家的核心自动化技术，并提高我国的自主研发能力，开发适合我国国情的港口电气自动化技术。具体而言，西方发达国家掌握着自动调度管理技术、无线数据通信技术、变频调速驱动技术、自动流程控制技术。

以变频调速驱动技术为例，该技术依托连续运输装载机械技术、全变频技术，能够有效加速港口电气设备的运行，并实施高效的系统管理。在技术水平不断提高的基础上，港口电气设备的管理能力也会逐渐提高，从而降低生产成本。此外，可编程逻辑控制器 PLC 也能够有效推动港口电气自动化的发展。具体而言，PLC 能够利用模拟或数字方式对不同类型的机械进行调控，可以在港口运行和管理的多个环节中发挥价值，减轻生产人员的劳动负担，在同等时间内完成更多工作量，有效促进港口电气自动化的发展。

港口电气自动化是未来发展的主流方向，也是我国长期以来的发展目标，在具体实施港口电气自动化改革的过程中，则需进行技术攻关，同时还要突破传统思维的束缚。在了解我国港口电气自动化发展现状的同时，要认清其未来发展走势，综合考虑多个方面的因素，在具体发展过程中，充分利用现有的优势资源及环境条件，坚持不懈地进行学习、创新、突破，不断加快港口电气自动化发展的步伐，致力于成为国际范围内港口电气自动化发展水平较高的国家。

7.1.3 电气自动化在港口中的实际应用

在科学技术快速更新、迭代的同时，相关的应用设备与管理系统也需要进行变革。如今，不少行业都致力于向自动化、数字化、现代化方向发展，但在具体发展过程中，只有充分考虑到港口的具体情况，才能够实现资源的优化配置与高效利用。

作为重要的物流集散地，港口的现代化发展需要充分发挥知识资源的优势。为此，港口要注重对工作人员的培训，大力引进现代化的技术设备，通过这种方式促进港口向现代化方向发展。下面将对电气自动化在港口中的实际应用进行分析和梳理。

◇ 港口装卸系统自动化

在港口作业过程中，港口装卸系统发挥着主导作用。港口的装卸速度与港口装卸运输系统的自动化、科技化水平息息相关。通常情况下，散货码头会配备两类系统：集中控制系统与分布式系统。

其中，集中控制系统仅具备一个控制主机，该系统的所有逻辑运算与数据处理任务都由主机承担，控制系统以远程方式或者本地方式连接到主机。分布式控制系统中具备多个主机，不同的主机承担不同的设备控制任务，主机会以网络通信的方式向主机发送数据信息。无论是集中控制系统，还是分布式控制系统，其自动化的网络任务都由控制级网络来承担。

另外，利用自动控制系统监测港口的运行情况具体实施过程中，港口的控制设备、监测人员会收集港口现场设备的运行数据并传送给相关管理部门。港口装卸系统自动化的发展，既能够强化对港口运行的管理与监测，又能够优化港口各个环节的工作，提高其总体运行效率。

◇ 港口电力系统自动化

在分析港口现代化发展时，如果在电力系统的管控中有效体现出计算机应用的价值，则认为该港口已经实现了向自动化发展的转型。对计算机的具体使用方式进行分析可知，为了把控制环节产生的数据与系统内的保护性数据综合到一起，电力系统内的计算机以分布式结构与网络中线部分相连，从而优化港口承担的各项职能，加速整个系统的运转。

此外，要利用先进技术，给电力系统配备高效的管理与保护装置，在发展现代化监控的过程中，充分发挥中央信号系统、综合操作屏与模拟屏的作用。此外，还能够在变电所管理中应用计算机技术，通过实施网络诊断与专业操作，对供电系统中的设备运行情况进行管控，并完成在线自检，充分体现电力系统在监测、管理方面的价值。

◇ 码头综合系统自动化

要想提高港口管理的现代化水平，就要促进自动化技术、信息技术及计算机技术在各个环节的普遍应用，进而提高港口运营所得的经济效益。从港口集装箱工作方面来分析，仅通过单机自动化设备，难以从根本上加快整体的运行效率，如果采用自动化集装箱起重机，则能够利用该设备的自动化装置来加快码头的运转。

对现阶段下集装箱起重机的运转情况进行分析可知，其无法实现平稳的货箱移动与起升，容易导致货物受损并威胁工作人员的人身安全，针对这种情况，需要通过改进控制理论，提高现有装置的稳定性，从而降低该环节发生风险的概率。

此外，码头工作比较注重运行效率，应该注重相关的技术研发，通过实施技术革新来提高集装箱起重机的工作效率，从而加速码头自动化的运转。在逻辑控制方面，可着眼于理论更新与技术迭代，进而提高对起重机定位的精准性。综合采用多种先进的理论与装置，优化供电装置，提高对整个系统的管理与监测能力，进而提高整个码头运行的自动化水平，降低各项工作的风险并实现效率提升。

7.1.4 我国港口电气自动化的发展策略

◇ 加大技术研究和投入

为推动经济更好地发展，我国各港口迫切要求实现电气自动化。港口电气自动化实现的关键在于持续加大技术研发投入。对于港口电气自动化的实现来说技术是核心，只有以先进技术为依托，港口电气自动化水平才能不断提升，港口电气自动化发展才能真正实现。为此，相关部门要对我国港口的发展情况进行深入了解，从人力、物力两方面加大在电气自动化研究方面的投入，积极学习国外在港口电气自动化方面的经验，引进先进设备，使我国港口电气自动化技术水平得以持续提升。

以 PLC 技术为例，PLC 是一种可编程的控制器，用软件替代中间继电器和时间继电器，剩下与输入、输出有关的硬件元件，通过接线减少到继电器控制系统的 1/100~1/10，从而降低因触点接触不良导致的故障的发生率。另外，PLC 用软件替代了继电器控制系统中的中间继电器、计数器、时间继电器等部件，减少了控制柜设计、安装、接线等环节的工作量，使电气设备运行效率大幅提升，从而促使整个港口的工作效率得以有效提升。

◇ 建立统一的电气自动化控制系统

随着港口贸易往来越来越频繁，港口设备数量持续增长，港口管理面临的问题也越来越多。要想对港口设备进行全面管理，提升管理效率，我国港口管理部门必须立足于当下，进一步推进改革。

首先，各港口要根据自己的实际情况建立统一的电气自动化控制系统，促使软件、硬件建设相互协调。自动化控制系统建设要覆盖港口的方方面面，要在所有港口建立统一的电气系统，从而对各港口进行有效控制，对港口电气自动化发展产生良好的推动作用。

其次，各港口要做好综合管理，进一步研发相关应用软件，与我国港口的实际情况相结合构建完整的自主软件体系，引入高新技术提升集装码头、装卸设备的运行管理水平，从而提升我国港口电气自动化的发展水平，与国际接轨。

◇ 加大电气自动化专业人才的培养

港口电气自动化的发展离不开专业人才的支持。近几年，我国港口引入了很多高科技产品与设备，这些设备的运行、维修与保养都离不开专业人才。所以，港口电气自动化发展必须重视人才培养。

一方面，对现有的工作人员进行培训，提升其电气操作技能，强化其专业能力，使其专业能力与水平得以切实提升；另一方面，积极引入电气自动化专业人才，与企业现有的人才相结合，共同组建一支专业化队伍，推动港口电气自动化更好地发展。

总而言之，顺应现代社会快速发展趋势，港口电气自动化发展是必然选择。港口电气化的发展与实现有利于促进经济更好地增长，提升我国港口的综合管理能力。而我国港口要想真正实现电气自动化，就必须与港口的发展现状相结合，加大在港口自动化技术研发方面的投入，积极引进国外先进的电气自动化技术，使我国电气自动化水平不断提升，使我国港口电气自动化水平达到国际标准。

7.2 港口电气自动化控制技术

7.2.1 港口电气自动化控制技术

近年来，国内电气自动化领域呈现蓬勃发展之势，经过分析不难发现，其发展存在优势的同时也面临着许多挑战。那么，目前国内电气自动化的具体发展情况如何？

经过持续不断的努力，我国在工业化领域的发展与国际先进国家之间的差距逐渐缩小，自动化技术在工业中的应用范围也不断拓宽，高科技产业体现得尤为明显。许多企业都开始围绕电气自动化控制技术开展运营，并积极促进企业的转型升级，将传统的人工操作转换为自动化控制，在降低企业成本消耗的同时，也提高了企业发展的持续性。

电气自动化控制技术的应用能够提高工业领域发展的现代化水平，借助自动化技术降低人力资源成本，提高工业操作的精准度，实现生产质量的提升，并加速企业的总体生产运营，增加其经济收益。为满足工业发展的需求，不少高校都设置了电气自动化控制技术专业，旨在依靠电气自动化技术加快社会经济的发展，满足人们对高质量生活的追求，进而调动人们参与的积极性。

◇ 电气自动化控制技术的特征

在应用与发展过程中，电气自动化技术体现出不同于其他技术方法的特征，这些特征是后者所不具备的。具体而言，这些特征主要包括以下方面：

1) 电气自动化控制技术的速度快、准确率高，实际控制比较有限，信息量也不多，通常无须进行高频操作。

2) 电气自动化技术能够及时实现信号的传送与接收，迅速完成总体控制任务，并适用于远程操作。

3）与传统控制系统不同的是，电气自动化控制技术能减少控制时间，有效提高运行效率。此外，能够顺利完成数据获取并进行远程控制，是电气自动化控制的核心特征。

◇ 电气自动化控制技术的发展现状

近几年，电气自动化控制技术的发展取得了十分明显的突破，高集成电路投入使用后，电气自动化控制技术的发展水平日益提高。从现阶段进行分析，电气自动化控制技术的发展主要体现在以下三点：

1）在当下的工业生产领域，电气自动化控制技术占据着主导地位，可以对接用户的生产需求。

2）如今，电气自动化控制技术已经在诸多相关领域得到广泛应用。

3）在工业生产的发展过程中，电气自动化控制技术起到了积极的促进作用。从宏观角度来分析，随着电气自动化控制技术的应用范围逐渐拓宽，许多企业都开始在其驱动下实施现代化改革，加快了发展进程。

◇ 电气自动化控制技术的系统功能

电气自动化技术具备一些区别于其他技术的特征，以电气控制为前提，电气自动化控制技术可以操纵电气系统断路器，而要实现这类控制，就要具备一定的功能。概括而言，电气自动化控制技术应该拥有如下几项功能：可以操纵变压器与发电机的出口隔离开关，可以进行加磁、减磁，在不同控制方式之间进行转换，可以操纵励磁变压器等。

◇ 电气自动化控制技术系统设计理念

在进行系统设计的过程中，电气自动化控制技术会针对远程检测、集中监测与总线监测采用不同设计模式，在设计环节遵循如下设计理念：

1）在实施远程监测时，电气自动化控制技术会及时获取远程信号并进行传送，从反馈信息中寻找待修正的控制信号，进而完成远程监测的任务。

2）在实施集中监测时，电气自动化控制技术可以通过单个处理器完成对所有环节的控制，该设计模式的复杂程度比较低，对防护性的要求也比较宽松，能够降低后期维护的工作难度。

3）在实施总线监测时，电气自动化控制技术能够整合不同的功能，将不同控制方法结合起来运用，提高总体监控操作的效果。立足于宏观结构层面来分析，电气自动化控制技术系统采用的设计理念具有较高的实用价值，如今已经在应用方面取得了一定的成效，接下来应该在了解具体情况的基础上，选择合适的方案来完成电气自动化控制技术系统的设计。

7.2.2　基于信息化技术手段的智能港口

水路交通与陆路交通之间要通过港口来连接，外贸进出口货物及农业、工业产品也要通过港口实现集散，这体现出了港口的重要性。如今，我国正在进行智能化港口建设，依托云计算、物联网等先进技术手段改革传统港口，使其向智能化方向转型升级。无人化则是智能港口即将进入的新的发展时期。

传统模式下，港口的运作比较慢，生产效益较低，区域交通拥堵频发。工作人员会用纸笔收集各项作业信息，但不同人的信息收集效率是不同的，天气因素、环境因素等也会对其信息收集工作产生影响，无法保证信息的准确性。此外，港口的作业量较大，传统的信息收集方式无法在短时间内完成所有记录工作，要求作业人员排队等待。不仅如此，信息收集人员有时需要同时执行多项操作，无法集中精力，工作安全性也会降低。

进行信息化建设后，港口将全球定位系统、车载终端、手持终端设备等应用到作业中，在很多环节实现自动化操作，能够加快各个环节的运转。利用现代化的信息技术，港口可通过摄像机设备对货物箱号进行自动识别，利用工控机让作业车辆迅速接收作业指令，在进行多方数据确认之后再执行操作指令，完成集装箱的装货或卸货任务，避免因信息失误浪费劳动资源。与此同时，为作业车辆提供作业时间安排，并结合全球定位系统及导航系统的应用，进行作业车辆的合理调度与安排，能够缓解码头的区域交通拥堵。

如今的深圳赤湾港和山东日照港，已经实现了信息化终端设备的全面覆盖，即每个集装箱、散货设备都根据运输需求配备了相应的信息化终端，以自动化操作代替传统的人工劳作,将理货人员减少到原本的25%;与传统模式相比,自动化操作能够加快完成货物装卸与堆放工作,减少人们排队等候的时间;用数字化方式来表现各个设备的耗油情况,可方便工作人员及时为设备提供能源。

目前,"互联网+"行动正在越来越多的领域开展,港口建设也开始运用互联网思维,通过一个综合性平台来统一管理货主、货代、船等的数据,实现对岗内设备资源、位置信息的优化调度,降低码头管理的成本消耗。运用先进的技术手段,可以向货代公司提供作业信息,为货代公司制订作业计划提供精准的参考,将公司信息、司机信息、车辆信息等上传到移动终端。

7.2.3　物联网环境下的港口作业全流程

经过一段时间的智能化建设,深圳赤湾港的整个作业过程都实现了智能化,整个过程包括交货、集装箱堆放、货物出海及生产调配各个环节。

在货物进港前,码头生产管理系统会收集货物信息、箱号等数据,在确定装船时间后,货代会得到码头的通知;运输货物的车辆到达港口闸口后,利用射频识别技术对货物箱号进行识别,实时获取司机的相关信息,比如司机在哪个物流公司工作,如果集装箱货车本身配备车载计算机,还能够在即将到达港口闸口时,向控管闸口的工控机提交相关信息,由工控机对作业系统与其获取的数据进行比对,在确认箱号、车号及人员信息无误后开放闸口,用自动化采集终端代替人来进行信息记录,提高了作业效率。

传统模式下,港口作业是由工作人员到岸边查看并记录箱号。如今,港口使用的所有装卸设备均配备全球定位系统,装箱车辆进入闸口后,装卸设备可立即接收信息,距离该车最近的装卸设备则会进行装卸,这种自动化调度方式能够充分实现装卸设备资源的充分利用与优化配置。利用自动化方式代替传统作业方式,还能更好地应对装错箱的问题。

在具体实施过程中,会对执行吊起操作的货物箱号,与工控机提供的作业数据进行比对,并结合全球定位系统进行地理测绘,如果出现装错箱的情况,吊具将停止后续的装箱操作,司机在堆放货物时,可以根据作业管理系统的指导,采用合理的堆砌方式。

之后要进行装船操作。距离最近的拖车会将货物运送到岸边，船上安装的配载系统会进行数据分析与处理，据此决定不同类型、不同重量、不同性质的货品应该放置的具体舱位，通过桥吊来完成装船。

船到达港口需要卸货时，同样会向码头提供货物数据，用于装货的拖车会接收到来自生产管理系统的作业信息，安排司机把车开到相应的堆场，并完成堆场的装箱工作。等到海关部门完成货物审核，货代公司就能进入港口中进行货物运输了。

现如今，日照港也能够利用计算机系统传送作业计划，将作业指令提供给司机，便于他们进行信息确认。散货码头的垛位并不固定，容易出现操作失误的情况，如今，司机按照位置提示信息抵达目的后，在装卸之前要再次进行信息确认，避免出现失误。中控室还会使用全球定位系统，结合司机的作业情况，合理进行任务安排。

7.3 智能自动化码头的发展现状与趋势

7.3.1 我国港口的发展现状与主要问题

随着全球经济一体化进程不断推进，世界经济总量持续增长，国际贸易迅猛发展，港口在全球集疏运网络中的地位愈发重要，承担的功能越来越多，比如进出口货物集散、国际物流运输、全球资源配置、全球价值链的构建等。

近年来，为应对全球环境恶化，我国全方位推进"资源节约型、环境友好型社会"建设，为绿色经济、低碳经济、循环经济的发展做了一系列部署。顺应这种形势，我国港口建设与设备更新也要尽量实现全自动化、高效化、环保化。

在计算机、互联网技术迅猛发展的形势下，各行各业都将智能化、自动化视为发展目标，港口、码头也不例外。利用先进科技建设自动化码头，不仅可以让码头实现智能化操作，还能实现低碳运转。

◇ 我国港口发展现状

1. 吞吐量大

自进入 21 世纪以来，我国经济增长速度越来越快，进出口贸易规模不断扩大，沿线港口抓住这个机会实现了快速发展。根据上海国际航运中心发布的《全球港口发展报告》，在全球港口中，我国的大连港、青岛港、营口港、泉州港、天津港、南京港、高雄港排在前 20 名。在全球前 10 大港口货物吞吐量累计中，我国港口吞吐量占比已超过 85%，地位愈发稳固。另外，根据国家发改委发布的最新数据，2018 年 1~7 月，我国规模以上港口的货物吞吐量达到了 766 772 万吨，其中，完成外贸货物吞吐量 242 761 万吨，完成集装箱吞吐量 14 228.44 万标准箱，而且这些吞吐量在持续增长。

2. 总体增速快，"北强南弱"态势明显

2018年上半年，在货物吞吐量排名前20的港口中，位于我国北方的港口有8个，比如唐山港、青岛港、天津港、大连港、日照港、烟台港、营口港等，位于南方的港口有6个，比如上海港、苏州港、广州港等。从区域港口来看，环渤海港口的吞吐量最大，平均增长速度最快。也就是说，从港口吞吐量与其增速来看，我国各港口呈现出了显著的"北强南弱"的特征。

◇ 我国港口发展存在问题分析

自改革开放以来，我国各港口快速发展，取得了显著成就，我国也因此成为世界港口大国。但我国要想从世界港口大国升级为世界港口强国还需要克服很多困难，这些困难主要表现在以下几个方面。

1. 港口布局规划管理不科学，岸线资源利用率低

我国部分沿海地区推行"以港兴市"战略，将大港口建设视为城市发展目标，有些城市还提出建设国际航运中心，导致我国港口密集，港口选址、港口规模、码头布局不合理。同时，因为局部地区大肆推进港口建设，港口扩张占用了很多岸线，导致岸线利用率较低，没能形成节约型利用。

2. 港口基础设施重复建设，经济腹地交叉，竞争十分激烈

因为大力推进港口建设，所以很多港口的基础设施都存在重复建设现象，港口吞吐能力利用率不高，比如大连港的吞吐能力利用率大约为78%，天津港、青岛港更低，分别为55%和68%。而且很多港口的经济腹地存在交叉现象，相互之间的竞争非常激烈，不利于整体协调发展。

3. 港口总体能级较低，服务功能不强，经济效益不高

我国各港口的货运码头非常多，功能比较单一，没有形成发达的物流产业链，主要利润来源就是货物的装卸、仓储、运输，发展层级较低。再加上，港口物流业与其他产业（比如临港工业、港航服务业、旅游业等）没能实现高度融合，导致港口没能将带动区域发展的作用发挥出来，与现代化国际综合性港口存在较大差距。

4. 临港产业发展迅速，港口生态环境恶化不断加剧

现阶段，我国沿海区域存在很多石化、钢铁等很容易造成环境污染的企业，不利于近岸海域环境保护。再加上，很多港口码头的机械设备都比较陈旧，燃油

利用率较低，碳排放量较大，不仅导致资源浪费严重，而且诱发了非常严重的环境污染问题。

这些问题的存在与可持续发展战略不符，而自动化码头的建设则改变了港口码头这种陈旧的作业方式，不仅提升了港口码头的作业效率，还增强了港口的竞争力，缩小了我国港口码头与国际综合性港口之间的差距。

7.3.2 自动化码头的概念、技术与功能

◇ 自动化码头的概念

自动化码头是利用先进科技让码头的机械设备在没有人为干预的情况下自行运转。自动化码头由四部分构成，分别是自动化堆场作业机械、自动化水平运输机械、自动化岸边作业机械、自动化控制系统。其中，对于整个自动化码头来说，自动化控制系统是核心，技术含量比较高，整个运行过程非常可靠。

随着云计算、无线通信、智能制造逐渐在码头中拓展应用，相较于传统码头来说，自动化码头将更加智能化，可靠性、稳定性更高，运营成本将大幅下降，设备利用率将有效提升。

◇ 自动化码头的功能划分

自动化码头主要有三个功能分区。

1. 岸边作业区

码头前面会布设岸边集装箱装卸桥用来完成船舶装卸工作，装卸桥可以直接将进口集装箱运送到底盘车上，然后由集装箱牵引车将车子拖到堆场停放，然后再由集装箱牵引车将车子从堆场拖出，直接出场。对于出口的集装箱，集装箱牵引车会将装载了集装箱的底盘车停放到堆场上，等船到了之后再由集装箱牵引车将底盘车拖到码头前，由集装箱装卸桥将集装箱吊送到船上。这个系统的主要特点是自始至终集装箱都停留在底盘车上。

2. 水平运输区

通过水平运输区，岸边作业区和堆场作业区之间可以自动调运货物。现阶段，码头内主要使用集装箱货车或全自动无人驾驶自动导向搬运车（AGV）对集

装箱进行水平运输，其中集装箱货车由驾驶人操控，AGV 则完全由中央计算机系统控制。AGV 技术诞生于 20 世纪 80 年代，具有无人驾驶、精准定位、自动导航、优化路径、安全避障等功能，可在码头的水平运输中代替货车成为最主要的水平运输工具。

3. 堆场作业区

现阶段，集装箱堆场最常用的作业方式就是轮胎式龙门起重机（RTG）或轨道式龙门起重机（RMG）。集装箱卡车（以下简称集卡）的工艺装卸系统由人工操控，通过人力劳动对集卡进行装卸。而目前，上海外高桥码头自动化无人空箱堆场使用的则是融合了高低两种 RMG 和缓冲平台的接力式装卸系统。

自动化堆场作业区主要配置以下几种设备：

- CRMG：该设备的主要功能是从集卡上将集装箱取出放到缓冲区的中间平台上，或从缓冲区的中转平台上将集装箱取出放到集卡上，简单来说就是负责集装箱的装与卸。
- DRMG：该设备的主要功能是从缓冲区中转平台将集装箱取出，将其放到堆场，或从堆场将集装箱取出，将其放到缓冲区中转平台，简单来说就是负责集卡的装与卸。
- 缓冲平台：缓冲平台位于装卸作业线的两端，其功能主要是临时存放集装箱，让进出集装箱的装卸能力达到均衡，同时在导板结构的作用下，集装箱可以快速落位，进出集装箱的位置可有效规范，RMG 提取集装箱的效率也能得以有效提升。
- 集卡：该设备的功能是在码头对集装箱进行水平运输。在堆场作业的集卡可分为两类，一类是外集卡，也就是社会上的集装箱卡车，另一类是内集卡，也就是码头内部的集装箱卡车。

7.3.3 国外自动化码头发展现状与趋势

◇ 自动化岸桥与 AGV 和自动化轨道吊并行运作

这种类型的作业模式以荷兰鹿特丹港为典型。鹿特丹港使用的就是半自动化岸桥、自动化堆场轨道吊和 AGV，其中 AGV 的行驶速度为 3 米/秒。其中，半自动化岸桥主要负责船舶装卸，驾驶人只需做好对箱工作，其他工作均可自动完成。AGV 主要负责在码头前沿和堆场之间对集装箱进行水平运输，AGV 配备了超声波探测装置和其他辅助安全避碰装置，可以对减速移动过程中的障碍物进行灵敏感知，以免在运动过程中发生碰撞。AGV 和自动起重机（ASC）的运作要接受码头中央控制室生产过程控制系统（PCS）的管控，基本上实现了完全自动化。堆场轮胎吊也可在无人控制下自动运作。

汉堡港使用的是振华港机的双箱双小车半自动化岸桥、一高一低堆箱取箱的双轨道吊、双箱牵引 AGV，其中 AGV 的行驶速度为 5.8 米/秒。

鹿特丹的 Euromax 港口的码头配置与前面的完全一致，但 AGV 的行驶速度有了大幅提升，达到了 20 米/秒，管理软件系统也更加先进。该码头拥有 ECT 自动化码头和 HHLA 码头的双重优点，操作水平高、信息化程度高、定位更准确。另外，该码头采用的是双箱双小车岸桥，相较于第一代双小车岸桥来说速度更快、定位更加准确。后小车以钢丝绳牵引，很好地解决了高速行驶条件下小车打滑的问题，改进之后的双箱双小车岸桥更适合在自动化码头中使用。

◇ **自动化岸桥与跨运车和自动化轨道吊并行运作**

这种模式的典型代表为弗吉尼亚的 APMT 码头、西班牙的 HJS-TTI 码头，其中弗吉尼亚的 APMT 码头设置了 8 台岸桥，使用底盘车进行水平运输，堆场使用了 ARMG 工艺。码头后方与码头垂直方向布置了 15 个箱区，每个箱区配置了两台 ARMG，每台 ARMG 的起重量为 40 标准箱，堆高为 6 层，长度可存放 60 个标准箱。

7.3.4 国内自动化码头发展现状与趋势

2005 年，上港集团与 2PMC 合作开发了国内第一个自动化堆场。集装箱堆场的一条装卸线上安装了 2 台 RMG，这两台 RMG 的高度不同，通过地面转接平台开展接力式作业，其中高的 RMG 负责装卸堆箱区的集装箱，低的 RMG 负责装卸集卡，保证无人轨道上的轨道吊可以准确地对接集卡。整个装卸过程均实现了自动化，使集装箱堆场的作业效率得以有效提升。

2014年10月，我国首个自动化集装箱码头进入试运营阶段。该码头将码头装卸完全放在轨道上，由电驱动取代传统的内燃机驱动。除此之外，该码头还可实现堆场无人化作业。整个系统由中央控制室的计算机控制，是一个真正的全自动化的码头系统。在该系统的支持下，码头用工成本大幅下降，安全作业水平大幅提升，为噪声大、环境污染、排放超标等问题提供了有效的解决方案。

当下，世界各国都面临着严重的能源危机，纷纷要求做好环境保护，我国为此提出了可持续发展战略。在此形势下，我国的自动化码头必将朝着无人化、低碳节能、效率高、安全可靠、绿色环保的方向发展。

用电驱动替代传统的内燃机驱动，将码头装卸完全放在轨道上的水平运输方式就在厦门远海自动化码头得到了应用，不仅减小了噪声，还实现了节能减排。据测算，珍格格码头使用电驱动之后至少节省了25%的能源，碳排放量至少减少了16%。

远海码头进入试运行阶段之后，单桥每小时可运送37～38个自然箱，相较于人工操作来说，工作效率得到了大幅提升，码头年吞吐量可以达到78～91万标准箱，也实现了大幅增长。

在运营成本方面，调研显示，厦门远海集装箱码头14号泊位实现全自动化之后，年运营成本降至2564万元，常规码头的年运营成本大约为4039万元，降幅37%。在人工成本方面，全自动化码头每年只需支付1872万元的人工费用，传统码头每年需支付的人工费用高达3072万元。

厦门远海码头的运行给当地港口带来了很大的影响，码头的用工成本大幅降低，整个作业过程更加安全，作业水平也有了大幅提升。另外，厦门远海码头占地面积较小，船舶装卸速度更快，码头运转效率更高。同时，在自动化码头的协调下，港区、人与自然环境实现了协调发展，构建了一个更和谐的生态环境，使经济利益获取与环境影响达到了平衡，很好地响应了可持续发展理念，使港口经济活动的资源利用率得到了大幅提升，使港区对环境的不良影响降到了最低，同时获得了社会效益、经济效益和环境效益。

7.4 自动化集装箱码头堆场系统变革

7.4.1 传统集装箱码头堆场系统的局限

建设自动化集装箱码头成为我国沿海港口转型升级的重要内容。通过向欧美发达国家借鉴经验、引进设备与技术等,我国港口自动化集装箱码头建设在整体规划、设备研发等方面取得了颇为良好的实践效果,但业务管理与流程方面还有较大的提升空间。其中,自动化集装箱码头堆场系统设计暴露出的短板尤其需要重点解决。

◇ **传统集装箱码头堆场系统的局限性**

凭借低成本、设备操作简单灵活、不易损坏集装箱、较高的场地利用效率等优势,在相当长的一段时间里,"轮胎吊+堆高机(铲车)"的传统集装箱码头堆场系统被我国沿海港口普遍采用。经过多年的发展与完善,传统集装箱码头堆场系统已经形成了一套相对成熟的管理流程与规则,同时,数学模型和仿真科技在港口作业领域的应用,使该系统的优势得到进一步发挥。然而随着自动化集装箱码头在发达国家的推广普及,我国逐渐认识到传统集装箱码头堆场系统存在的诸多短板:

1. **系统输入和输出无法预知**

传统集装箱码头堆场系统难以对出口集装箱进场进行有效评估,从而必须由人工制订集装箱进出场计划,这对从业经验有较高的要求,会提高人力成本。同时,人工制订传统集装箱码头堆场计划,要受到后续船舶配积载的制约,缺乏灵活性,比如,在制订堆场计划前,工作人员无法预知开工作业路数、出口集装箱在船舶上的贝位号等信息。进口集装箱也存在类似问题,虽然可以先获取进口船图等信息，但在没有制订进口集装箱卸船堆场计划的前提下，是不能得到中转二程船、客户提箱等关键信息的。

2. 制约和冲突并存

传统集装箱码头堆场系统容易造成"平衡陷阱"，当出口集装箱堆场分散程度较高时，就要使用多种机械进行相关作业，从而带来较为严重的机械资源浪费问题；而出口集装箱堆场集中程度较高时，又容易引发作业路混乱，降低作业效率。

之所以会造成这种问题，很大程度上是因为传统集装箱码头堆场系统不能对后续船舶开路和配积载情况进行精准预测，难以结合船舶实际开路数对出口集装箱箱区进行有效分配，只能根据历史数据与从业经验制订堆场计划。

在传统集装箱码头堆场系统中，同一箱区中集中堆放同一港口或同吨级的集装箱，但不同集装箱的指令先后次序存在一定差异，容易产生大量重复作业，同时，同一箱区包含 2 条及以上的作业路，这对堆场计划制订将带来诸多负面影响。

传统集装箱码头堆场轮胎吊收发箱工艺模式要求，集中进行同一箱位收发箱作业，完成一个箱位后，再让轮胎吊前往附近箱位进行作业。现阶段，虽然通信技术发展，可以让集卡驾驶人在无线终端支持下得到取箱和收箱位置信息，但集卡长度是远大于箱位长度的，而不同箱位或不同作业路的集卡在同一箱区同时作业时，会相互干扰，从而提高作业成本，降低作业效率。

3. 效益与效率的矛盾突出

传统集装箱码头堆场系统作业模式需要轮胎吊来回行车收发集装箱，集卡翻箱率较高，有大量的等待时间，同时，进口集装箱不能分票堆放或基于二程船堆放。当进口集装箱有较大的分票量，而且同票集装箱不能同时开展卸船作业时，就必须通过轮胎吊来回行车将集装箱堆放在多个不同的箱位，这会显著降低进口集装箱作业效率。

此外，在制订进口集装箱堆场计划前，是无法对客户提船与二程船装船进行精准预测的，在这种情况下，就要用轮胎吊来回行车完成发箱，给作业带来诸多困扰。

4. 堆场计划规则复杂

传统集装箱码头堆场计划要受到按位、按排、重轻压、分船、分港、分吨级等多种因素限制，而堆场计划员主要根据自身从业经验主观设计方案，导致实践过程中可能会出现各种问题。

7.4.2 自动化集装箱码头堆场系统特点

自动化轨道式龙门起重机（ARMG）在国内外自动化集装箱码头应用较为广泛，其作业原理为：利用（AGV）将海侧 ARMG 和岸桥连接起来，形成码头海侧船舶装卸系统；陆地侧 ARMG 则和外集卡连接起来，形成码头路侧作业系统。最终形成由海侧和路测构成的 ARMG 作业区域。具体而言，自动化集装箱码头堆场系统主要有以下三个特点：

1）收取箱点固定。传统集装箱码头堆场的收取箱点并非是固定的，而是要根据轮胎吊作业箱位调整而进行相应调整，需要让集卡前往指令中的箱位来收取集装箱。与之形成明显对比的是，全封闭式自动化集装箱码头堆场将箱区两端作为固定收取箱点。

2）双机配置形成了"缓冲—接力"的作业模式。以进口集装箱的卸船作业为例，"缓冲—接力"作业模式为：海侧 ARMG 从 AGV 收取进口集装箱后，陆侧 ARMG 将负责接力运输，将其运输到陆侧堆存区域，并发给外集卡。

3）全封闭双机作业。自动化集装箱码头全封闭式堆场能够有效解决水平运输机械在同一箱区、箱区之间以及集装箱之间的作业矛盾，而双机缓冲作业设计则为解决收发箱作业提供了有效方案。

7.4.3 自动化集装箱码头堆场系统变革

传统集装箱码头堆场的轮胎吊和集卡交接点是动态变化的，上一个收取箱指令箱位就是下一个指令起始位置。而固定在箱区两端的收取箱点能够让不同装卸指令保持独立，不会被上一个指令干扰，可以精准评估完成各个指令所需要的时间与资金成本。

传统集装箱码头堆场系统是尽可能地将同类集装箱集中堆放在同一个箱区，以便减少轮胎吊行车距离，控制成本、提高效率。而自动化集装箱码头堆场系统无须担心不同作业指令的相互影响，通常仅需要为了避免 ARMG 翻箱而将集装箱同类（同船、同航次、同吨级集装箱）、同排堆放即可，不必受到其他规则的约束。

坚持分吨级原则是传统集装箱码头堆场系统的一大要点，但这在自动化集装箱码头堆场中已经变得不再适用。分吨级原则是在配积载过程中，为了提高船舶稳定性与安全性，而根据出口集装箱质量对其进行分级，比如1~10吨以下的集装箱是1级，10~20吨的集装箱是2级等，当然，不同港口分级方式是不同的，有的港口1级代表的是1~5吨的集装箱。

但分吨级原则是有明显短板的，比如，9吨和11吨的集装箱属于不同级别，但很多大型船舶的配载积要求相对较低，相差2吨以内的集装箱是不需要进行分别积载的，而分吨级原则要对这类吨级边缘集装箱进行分别配载，造成成本提升。

固定化的自动化集装箱码头堆场收取箱点使不同集装箱之间的联系显著降低，装卸集装箱时，通常仅需要考虑同排集装箱之间的关系即可，而不必遵守同排集装箱重压轻原则。自动化集装箱码头堆场系统更多的是以港口为分类依据，通过引入同排质量差指标，有效提高了堆存计划的科学合理性。

自动化集装箱码头堆场基于双机配置建立的"缓冲—接力"模式，提高了堆场系统的流畅性，减少了堆场作业的等待时间，提高了工作效率。更为关键的是，双机配置促使箱区整理更为方便快捷，比如，工作人员可以利用闲置ARMG开展翻箱、理箱等作业。

双机配置使堆场作业不必按照进口集装箱、中转集装箱及出口集装箱的分类方式进行分类，业务流程得到显著优化，作业指令处于独立状态，单个作业指令的完成时间与成本被精准评估，从而评估出整个作业的完成时间与成本。同时，它可以为自动化集装箱码头堆场进行自动配积载、作业质量评估等提供数据支持。

和传统集卡工艺项目不同的是，得益于AGV端作业摆脱了对岸桥、场桥两端作业的依赖，AGV运输过程对系统的影响得到有效控制，箱号、箱位、预计成本、预计时间、作业路指令次序等信息将由系统自动生成，这为判断作业计划冲突点，并进行事前预防、事中调整、事后优化等带来了诸多便利。

场桥效率低于或等于桥吊效率，是制订堆场计划需要坚持的一项基本原则。在这种情况下，ARMG可以配合码头前沿桥吊开展收发箱作业，而各箱区作业指令保持独立，出口集装箱将按照船舶、港口进行随机堆放。自动化集装箱码头堆场系统具备的一项核心优势在于，它只需要根据同排、同类集装箱随机分散堆放在港口船舶泊位相对应的堆场即可，大部分的中转箱集中被堆放在二程船箱区。

事实上，之所以传统集装箱码头堆场采用集装箱集中堆放模式，是为了降低轮胎吊行车路程，而在自动化集装箱码头堆场中，指令是相互独立的，集装箱的分散堆放对发箱带来了诸多便利。

当然，自动化集装箱码头堆场系统也对相关的软硬件配置提出了更高的要求，比如，位于同一排的出口集装箱应该使用相同的类型，根据随机分散原则，对同排同类出口集装箱进行分组（一排、一类出口集装箱是一组），并将其平均、分散地放置在各个箱区中。

为了避免配积载过程中出现作业冲突，解决堆场系统输入与输入难以精准预知的痛点，不但要借助双机配置提供的缓冲与接力，更要利用系统提供的作业列表信息。

第 8 章 人工智能引领交通变革

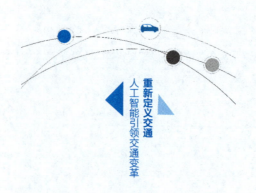

重新定义交通
人工智能引领交通变革

8.1 人工智能＋地上交通

8.1.1 无人驾驶汽车：当科幻电影场景成为现实

1. 无人驾驶技术的突破

智能无人驾驶，是全球智慧交通行业发展的重点，中国、美国、英国、日本等无一例外都投入了大量技术研发力量。智能无人驾驶，即通过计算机系统实现无人驾驶智能汽车，它依靠人工智能、视觉计算、雷达、监控设备和全球定位系统协同合作，让计算机可以在没有任何人类主动操作的情况下，自动安全地操作机动车，所以安全性是大众选择无人驾驶汽车时最关注的因素之一。

机器人领域顶级会议 ICRA 评选出的 2019 年度最佳论文共有三篇，其中一篇是来自丰田和麻省理工学院（MIT）的《Variational End-to-End Navigation and Localization》。

这篇论文探索了如何使无人驾驶汽车学会人类推理能力，MIT 创建了一个系统，能够使无人驾驶汽车在仅使用简单地图和视觉数据的情况下，在新的、复杂的环境中顺利安全地自动行驶。

人类可以在之前未去过的道路上顺利驾驶汽车，使用的就是视觉以及简单的地图导航。而人类特殊的推理能力能够将周围环境与 GPS 设备提供的信息进行匹配，判断自己所在位置和目的地位置。

虽然对于人类来说这项能力非常简单，但是对无人驾驶汽车来说却非常困难。无人驾驶汽车进入一个新环境时，必须花费大量时间定位和分析所有新道路，并且无人驾驶系统还需要 3D 扫描生成地图，有了地图才能完成驾驶，其中的计算成本巨大。

对此 MIT 和丰田研究院在论文中介绍了一种无人驾驶系统，该系统不需要定位分析新道路，也不需要依靠 3D 地图，只需要视频摄像头和 GPS 数据就可以像人类司机那样在陌生环境下安全行驶，这涉及人工智能的深度学习能力。

这意味着无人驾驶汽车正在一步步突破，拥有了越来越多与人类类似的推理能力和智能。

2. 行业现状与面临的挑战

有人认为，无人驾驶汽车的问题从根本上是一个系统工程问题，需要解决核心的人工智能（AI）技术问题、感知问题以及无人驾驶汽车技术的可靠性、稳定性问题。在面临这些挑战的时候，研发团队的基因就决定了团队所在公司的优势和劣势。

目前无人驾驶汽车公司分为三种驱动模式：AI 驱动、造车驱动以及出行服务运营驱动，见表 8-1。

表 8-1　无人驾驶汽车公司的三种驱动模式

公司类型	典型特征	面临挑战
AI 驱动	1. 由 AI 研究者组成的创业公司（如 Google），拥有计算机视觉技术及深度学习技术； 2. 有很强研究和技术基因	1. 鉴于汽车的领域属性，需要吸引更多的汽车或其他相关领域人才； 2. 如何将技术产品化，并实现汽车无人驾驶领域的大规模商用，获得商业上的成功； 3. 目前 AI 驱动类型公司研发出的应用如 Robo-Taxi，面临技术挑战、成本挑战、风险转移等三重挑战
造车驱动	1. 由传统和新兴造车企业组成； 2. 通过收购、投资、或合作模式，与无人驾驶汽车初创公司合作，建立自己的无人驾驶汽车团队	1. 因为传统造车行业和 AI、互联网行业的文化冲突，导致造车企业常常难以吸引优秀的 AI 和软件团队，而 AI 起家的无人驾驶汽车公司又难以吸引熟悉造车的团队； 2. 当汽车行业迈向自动化和智能化时，如何快速迭代软件就成了新的挑战； 3. 对于中国大多数的新兴造车企业来说，不仅要解决造车问题，同时还面临着全球性的汽车智能化、无人化的挑战
出行服务运营驱动	1. Uber、Lyft、滴滴、ofo、Lime 为代表的软件公司组成； 2. 这些公司利用软件和互联网，实现了需求和供给的全局匹配； 3. 有两种模式：第一，收购 AI、互联网公司；第二，建立自己的无人驾驶汽车团队	长远的资金投入问题。无人驾驶汽车需要长远、大量的、资金投入，这对新兴出行服务公司来说，是巨大挑战

这其中包括了中国造车企业所面临的挑战：

"对于中国大多数的新兴造车企业而言，他们不仅要解决造车问题，而且要面临全球性汽车智能化、无人化的挑战。在前几年短暂的热潮之后，新兴造车企业开始面临量产和交付的严苛问题。但是，据统计，中国每年汽车销量超过3000万辆，而大量中小城市和农村市场的汽车保有量还比较低，相比于美国每年汽车销量仅有2000多万辆，中国显然具有全球最大的汽车潜在消费市场！"

抛开不同驱动类型公司所面临的不同挑战，无人驾驶汽车自身发展需要面临的挑战总结为四种：文化冲突的挑战、市场接受度的挑战、用户体验的挑战以及经济产出的挑战。

"文化的挑战促成了大量车企和AI企业的合并或者至少是合作，市场接受度的挑战使得无人驾驶汽车技术回归用户价值，找到真正的用户痛点，逐步推出用户可以使用的功能，比如自动泊车、车道线保持、视觉目标识别、自动跟车等，也有部分企业选择了物流等领域。而用户体验的挑战和经济产出的挑战则要严峻得多。据报道，在美国亚利桑那州试运行的Waymo无人驾驶汽车，遭到了诸多市民的反对，他们有的故意制造麻烦，有的则确实被这些无人驾驶汽车不成熟的驾驶习惯所困扰。无人驾驶汽车这样的新兴事物要给千人千面的大众提供服务，才是对这些公司最大的挑战。"

3. 无人驾驶汽车的发展前景与政策支持

无人驾驶汽车作为一个单独细分市场，如今得到众多资本支持以及人才加盟，除了软件和互联网，从没有单独细分市场有如此待遇。

无人驾驶汽车是汽车软件化、互联网化、智能化的综合体，它同时还代表着人类迈向自动化、智能化社会的进步。虽然在人工智能的作用下，无人驾驶汽车已经上路测试多年，但是想要实现大范围商业化，还需要积累大量数据。所以，无人驾驶汽车进入我们的日常生活还需要一段时间。

百度董事长兼CEO李彦宏在2017年也曾亲自体验百度自主研发的无人驾驶汽车，并且还吃到了北京交警的一张罚单。而李彦宏对此的态度是——无人驾驶罚单已经来了，无人驾驶汽车量产还会远吗？

一部分人认为，当前无人驾驶汽车技术扔有技术瓶颈需要突破，而且一旦有了突破，不仅可以实现无人驾驶汽车的商业化，还可以为人工智能在其他领域的商业化落地提供经验、技术和人才。

汽车软件化、互联网化、智能化是过去十年时间里备受投资者关注的热点。随着大众对车辆的要求日益提高以及行车电脑的发展，汽车软件市场得到飞速发展。

Advanced Driver Assistance Systems（ADAS）即高级驾驶辅助系统、Autonomous drive 即无人驾驶技术、Digital cockpit technologies 即数字座舱技术、Vehicle to Vehicle technologies 即车联网以及车上互联网技术，这些都是在过去十年时间里取得的成绩的汽车软件。

正是因为智能无人驾驶汽车骄人的成绩和广阔的前景，无数巨头都在这一领域积极发力。其中，谷歌堪称整个行业的领军者。早在 2005 年，谷歌公司已经开始了相关探索，2012 年 4 月，谷歌宣布它研发的自动驾驶汽车已经开了 20 万公里，并已申请和获得了多项相关专利。

作为全球顶级的科技公司，谷歌公司在自动驾驶领域的发力，远超传统能源汽车公司。为此，谷歌还成立了一家专门针对自动驾驶方向的 Waymo 独立运营公司。

国外集团不断进军无人智能驾驶领域，中国同样激流勇进，华为、百度等企业都在积极进行布局。

智能无人驾驶汽车，已经不是传统意义上的交通运输工具，而是融合了智能交互、自动控制、对外通信、人工智能等各类能力的综合型科技产品，同时也成为创新汽车服务的新型硬件载体。预计 2025 年全球无人驾驶汽车销量将达到 23 万辆，2035 年将达到 1180 万辆，届时无人驾驶汽车保有量将达到 5400 万辆。

毫无疑问，无人驾驶汽车即将颠覆我们的生活。

一方面是企业的不断发力，另一方面则是整个行业的规范形成，以及相关政策的发布。2018 年 4 月，工信部等发布《智能网联汽车道路测试管理规范（试行）》，正式允许自动驾驶汽车道路测试，为后续商业化落地铺平了道路，目前北京、上海、杭州等城市分别开展了自动驾驶道路测试。

2019 年 5 月 28 日，杭州市政府公布 6 家企业获得杭州市智能网联汽车测试资格，分别是阿里、华为、飞步科技、零跑汽车、英伟达以及博信智联科技，同时杭州自动驾驶测试管理联席工作小组也公布了智能联网汽车测试路段范围，一共开放了 5 条测试道路。

获得牌照的企业要在这些道路上进行智能网联汽车测试，还需要遵守杭州出台的智能网联车辆道路测试政策：测试许可时间为 10:00—16:00、21:00—24:00，并且要求测试时天气状况良好，没有暴雨、暴雪以及能见度低于 100 米的大雾等极端天气。

未来，杭州市将重点围绕智能网联汽车上下游产业链，通过政策引领，加快产业布局和产业体系建设，打造智能网联汽车产业生态；加快相关标准体系以及法规制度建设，加快测试道路开放速度，同时还要建立国家级监管系统平台。

2018 年双十一期间，飞步科技自主研发的 L4 级自动驾驶货车已经在浙江地区上线，在日常环境下进行运营测试。

除杭州外，北京、上海、深圳、重庆等城市也相继宣布开放无人驾驶车辆道路测试工作，测试规模也在不断地加大，并且测试道路正在由封闭道路扩展至开放式道路。

测试道路的开放保证了自动驾驶测试有法律依据，也有助于推动当地智能网联车以及相关配套零件、系统企业快速发展，以及完整产业链的形成。

2019 年 1 月 12 日，中国公路学会自动驾驶工作委员会成立大会暨一届一次委员会议在北京成功举办，标志着整个行业的规则逐渐规范与统一，为行业的发展奠定了良好的基础，避免理念不统一、规格不统一给行业带来混乱。这次会议的出席代表包括中国交通领域的各位专家：中国工程院院士、原铁道部部长傅志寰，中国工程院院士、中国工程院党组成员、副院长钟志华，第十三届全国人大常委、中国公路学会理事长翁孟勇，交通运输部总工程师、政策研究室主任周伟，中国科协学会学术部副部长陈锐，交通运输部综合规划司副司长刘昕，交通运输部公路局技术处处长张建军，东南大学－威斯康星大学智能网联交通联合研究院院长冉斌，以及来自国内外交通运输、汽车、通讯等领域的专家学者和委员代表共 200 余人。会议强大的阵容表明：中国无人智能驾驶行业规范化发展正在加速。

企业、政府、行业三方的共同努力，让中国智能驾驶迅猛发展。日本经济新闻发布的调查数据显示：按照无人驾驶汽车实际道路行驶测试里程数排行，2019 年全球前 25 家公司中国企业就占据了 8 席，而 2017 年中国企业仅占 5 席。尽管当前榜首位置依然被谷歌等美国企业占据，但随着百度等中国企业在大数据累积以及人工智能等方面不断进步，中国的无人驾驶技术将有望超越硅谷，成为该领域的领导者。

8.1.2 无人物流：物流智能化发展的必然趋势

1. 无人物流是未来智能化发展的必然趋势

无人物流已成为物流行业未来的发展趋势，也是物流行业迈向自动化、智能化的标志之一。相关机构预测，中国国内智能物流市场到2025年有望超过万亿元。

2018年天猫双十一节，21秒天猫成交总额破10亿；2分05秒，破100亿；1小时47分26秒，成交额超1000亿，这些数据的背后是物流包裹的激增。随着网购规模越来越大，全球快递包裹数量也在迅速增长，这也成为物流行业革新的新动力，人工智能在物流行业的应用将大大减少物流运输中可能出现的问题。

(1) 未来场景1：你的快递员是机器人

物流产业向无人化、自动化方向发展已经成为趋势。智慧物流将为消费者提供多样化、个性化的产品和服务。在国内，智能物流配送机器人已经不是新鲜事物，阿里、京东、美团、百度、顺丰等企业都已经开始测试自己的智能物流配送机器人。

这些智能物流机器人不但可以自动驾驶、识别躲避障碍物、辨别红绿灯，还能自动规划路线、识别车位、泊车。同时还提供多种用户取件验证方式，如"刷脸"、密码、二维码等。

(2) 未来场景2：无人驾驶配送服务

无人驾驶技术和物流派送结合得非常好。人力成本是物流派送主要成本之一，无人驾驶技术可以节省这部分开支。和智能配送机器人相比，无人驾驶汽车承载量更大。除了可以应用在远程配送方面，还可以应用在餐饮的运输服务。

比如，Kroger与Nuro合作共同推出的全自动无人驾驶汽车送货服务、AutoX的生鲜配送和宜家移动咖啡馆等。

(3) 未来场景 3：无人车把外卖送到楼下，由室内派送机器人送到手中

无论在国内还是国外，无人配送行业都吸引了无数目光，大众对行业描绘的市场愿景都非常期待。想象下未来自己有快递或者外卖时，小型自动驾驶配送车会将包裹或者外卖送到楼下，再由室内派送机器人穿梭楼宇内部，将包裹精准地送到人们手中，大多数人都会觉得这是件新鲜且有趣的事。毫无疑问，这将引发城市物流的巨大革命。

2018 年美团召开了无人配送开放平台发布会，引发了大众热议。美团的无人配送开放平台涉及了软件、网络、器件、整车、地产五类企业，合作企业的无人车也在发布会上集体亮相，这些无人车的服务范围已经覆盖大量日常生活服务场景。根据现在的发展态势，未来无人配送在全世界范围里都有着巨大的机会。

很多人都看好无人配送领域：美团开放无人配送平台是个好消息，尤其是对做人工智能和机器人的创业者来说，有了美团的开放平台，参与合作的创业公司就可以得到更多数据，以便他们的产品从中智能学习。在无人配送领域，美国和中国同样潜力巨大，但是中国的愿景会比美国更先实现：美国人力成本高，未来如果可以真做到无人配送，红利将非常大。而中国人口密度较大，并有很多封闭式社区，这种情况下，无人配送会是一个很好的解决方案。"

而人工智能与外卖配送的结合是大势所趋，"未来，配送肯定是全自动化的，尤其是开放的配送平台，这对广大机器人配送公司是利好消息，让大家可以把技术直接投入具体的使用场景，有点机器人共享经济的意思。目前亚洲市场会比美国市场对室内机器人配送的接受程度更高，原因是中国基础设施建设日新月异：引入机器人的餐馆、写字楼、酒店要对基础设施有一些变动。现在室内机器人不能百分百替代人，只是个室内自动车，人还要自行完成递送任务。在把机器人引入环境的过程中，需要商家有远见和魄力做相应变动。中国基础设施比较新，每天都有新的餐馆和酒店开业，所以引入意愿会比美国更高。"

相对美国，中国的无人配送市场更大："中国的消费升级速度更快、城镇人口数和人口密度更大、生活节奏更快、饮食也更花样繁多，所以中国的外卖市场是全球最大的。服务其中的无人配送也将面临巨大的市场机会。"

2. 在物流运输三阶段中，无人物流的精力和重点该放在第一和第三阶段

物流运输的整个运输过程包括三个阶段：以高速公路为运营场所的干线阶段，以中心仓和城市道路为场所的城市配送阶段，和从网点到客户手中的末端阶段。那么无人物流的精力重点究竟应该放在哪个阶段？

专注无人配送领域的菜鸟网络科技公司ET实验室提出，要把精力和重点放在第一个和第三个阶段，因为从整体货量来看，最前端卡车承运的是大型集装箱，有机会通过无人化实现低成本运作，甚至可以将卡车编队，一次性运输大量货物，在这一阶段投入可以大幅度降低成本。而末端距离客户最近，快递员工作量巨大，如果通过智能设备将快递员工作量减少三分之一或者一半，是很具有价值的。中间阶段的城市配送虽然也非常有价值，但从目前行业发展情况和配送厢式货车运行环境来看，实现智能化还需要一定时间，为此ET实验室选定了干线和末端作为智能化突破口。

目前ET实验室无人物流配送有三个典型落地场景：物流园区、办公园区和学校。物流园区中，ET实验室选择了成都双流园区；办公园区中，则选定了雄安办公园区；学校场景中，ET实验室锁定了包裹量大、封闭性强，而且一般情况下不允许快递进入的高校。

基于以上三个典型应用场景，可以发现发展无人物流最关键的两个方面：一是安全和高效，二是成本和功效。

如今智能无人物流已经在各行各业逐渐投入市场，如福特、戴姆勒、谷歌、阿里、百度等行业巨头都在积极涌入。虽然目前智能无人物流更多是处于技术储备和展示期，需要面对的问题还有很多，比如中国的人力竞争激烈，美国的法律监管严格等问题。但是这些并不能阻挡无人物流发展的趋势。在未来3~5年时间里，无人物流将实现真正意义上的商用化破局，完成市场落地。

8.1.3 不限速高速公路：应运而生的"超级高速公路"

人工智能的发展，还为我们带来了不限速的高速公路。

中国目前所有高速公路的最高限速是120公里，遇到桥梁、弯道或者路况较差地段，限速还会低于120公里。而浙江省准备借助人工智能技术，改变这一情况，建设出中国第一条不限速的"超级高速公路"。

浙江省准备打造的这条"超级高速公路"是杭绍甬高速公路，道路起点位于杭州绕城下沙枢纽，终点位于宁波穿山疏港柴桥，整条高速公路长约 161 公里，涉及杭州、绍兴、宁波三个地区，其中杭州段为 9 公里，绍兴段为 29 公里，宁波段为 123 公里。

不限速超级高速公路的实现是在人工智能技术的帮助下，通过智能系统及车辆管控等手段，提高道路平均运行速度，和浙江现有其他高速公路相比，预计可以提高 20% 左右。一旦这条不限速高速公路开通，有望一小时就可以行驶 150 公里。

"超级高速公路"有以下几个特点：

1. 智能

超级高速是结合了人工智能、车联网、物联网等新技术建设的，因此智能将是这条高速公路最大的特点之一，可以将整条高速公路系统看作是"人、车、路"协同的综合感知系统。

2. 便捷

传统收费站会让车辆减速，降低了高速公路的通行效率。而超级高速采用多车道自由收费，多车道自由收费也属于 ETC 电子收费系统，但要比目前的 ETC 系统先进很多。使用多车道自由收费可以让车辆在行驶时不受车道隔离的限制，经过收费站时不用刻意减速，即使车速超过 120 公里也没关系，同时车辆在行驶时还可以自由地变换车道。

3. 安全

安全是超级高速公路最基本也是最重要的特征。超级高速公路将搭建智慧车联网系统，通过这套系统，超级高速公路将能够支持车路协作自动驾驶，这套自动驾驶系统将精准定位、车路协同、无人驾驶等技术结合在一起，大大提高了高速公路行车的安全性，甚至有望达到"零死亡"的目标。

4. 绿色

新能源汽车已经是未来汽车行业的趋势，根据预测，到 2025 年，新能源车整体市场占比将达到 15%。在充电设备配套方面，超级高速公路也做了充分准备。超级高速公路计划使用太阳能以及路面光伏发电为汽车充电，少量部署传统插电式充电桩作为补充,从而实现绿色环保的目的。

而超级高速公路未来的目标是利用移动无线充电技术使人们可以边开车边充电,这是一个让人非常期待的目标。

8.1.4 人工智能＋斑马线:过马路更安全

交通路口是交通事故的高发区,每年都有大量因为行人横穿马路而发生的交通事故,为了降低此类事故,交通管理部门在道路上设置了众多的斑马线和信号灯,但是根据以往经验,这样做的效果并不理想,此类交通事故的发生率依然高居不下。

随着人工智能、大数据等技术的成熟,以及车联网技术的突破,通过科技手段提升行人过马路的安全性和效率性成为智慧城市交通研究的新课题,其中就包括人工智能斑马线:在普通斑马线上融入人工智能技术,让行人和车辆都能够获得更明显的警示信息,从而避免在斑马线上发生交通事故。

人工智能斑马线现在中国很多城市已经有所应用,在缓解交通压力和保障人车安全方面发挥了重大作用。目前我国的智能斑马线有以下四种:

1. 声字提醒斑马线

声字提醒斑马线是在斑马线两边的红绿灯上增加文字和语音提示功能,当车辆或者行人经过斑马线时,除了传统的信号灯提示外,还可以看到文字提示和听到语音提示。

2. 红外感应斑马线

红外感应斑马线看起来就像"星光大道",当有行人或者车辆经过斑马线时,斑马线周围就会有灯光亮起。这种智能斑马线适用于夜间、雾霾天或阴雨天,出行车辆更容易得到提示。灯光斑马线实施也比较简单,只需要在斑马线四周铺设 LED 灯,在路口行人经过位置安装红外感应设备。当有行人通过斑马线时,就会被红外感应设备感知到,LED 灯光便开始周期性地闪烁,当无人经过时,LED 灯光便自动关闭。

3. 智能抓拍斑马线

车辆通过斑马线需要减速是基本常识,也是减少斑马线事故最有效的方法之一，但是很多车辆驾驶员却做不到，智能抓拍斑马线就是为了解决这类问题而设计的。智能抓拍斑马线可以采集抓拍所有通过斑马线车辆的信息，并将车速和车牌信息绑定。如果发现车辆有超速行为，就会自动记录车辆信息，并留存车辆违法相关信息，作为日后执法的依据。当有行人通过时，摄像头还会抓拍车辆是否在规定位置停车让行。

4. 动态调整斑马线

动态调整斑马线能够自动感应斑马线等候区人数以及是否有行人闯红灯。如果有行人闯红灯，智能设备会发出语音报警。智能设备还会根据感应到的等候区的人数，动态调整红绿灯的时间，提高通行效率。

8.1.5 智慧停车：全方位解决城市停车难问题

目前，停车难已是大城市的通病，因此，加快智慧停车系统建设的呼声居高不下，且人工智能又当仁不让地出现在智慧停车的相关系统中。

目前相关政策实施差别化交通需求管理，加强停车管理，具体举措包括：加强交通出行信息引导，高密度布设交通出行动态信息板等可视化智能引导标识，建设多元化、全方位的综合交通枢纽、进出城市的交通、停车、充电设施等信息引导系统。合理规划并建设停车设施，推广和实施分区域、分时段、分标准的差别化停车收费政策。推动"互联网+"智慧停车系统的建设，探索并推进共享停车建设。鼓励高速公路收费站和公共停车场使用电子不停车收费系统（ETC）、手机移动支付等非现金支付手段。这对智慧停车的发展无疑是利好消息。

1. 智慧停车系统

基于人工智能的无感停车，不仅改变了传统停车模式，还彻底革新了交通管理理念。

随着各大城市"停车难"问题越来越受关注，人们开始意识到停车难问题并不是简单增加停车位就可以解决的：一方面因为土地资源紧张，另一方面是因为停车场建设周期太长。利用人工智能、大数据、物联网技术实现智慧停车，通过提高存量车位的利用率和周转率解决停车难问题，这才是最佳思路。

智慧停车系统由手机 App、视频系统、地感拍摄（高清网络卡口摄像机结合地感线圈实现抓拍功能）等系统构成。首先，智慧停车系统通过视频系统对其覆盖范围内的禁停路段进行 24 小时监管，并实现停车自动收费功能。系统发现违停行为，将会自动向车辆登记车主发送提醒短信，如果车主在规定时间内未将车辆驶离，系统将保存违停证据，实现自动化执法。系统还可以通过车联网、物联网等技术，将覆盖范围内的停车场信息汇聚在一起，然后通过人工智能技术对数据进行分析处理，提高停车高峰时段的停车效率以及车位利用率。

2. 智慧停车云平台

智慧停车云平台采用云计算、物联网、大数据以及人工智能等先进技术手段，建设面向多类型停车场、跨地域、多层级的停车信息云平台，通过信息化、智能化手段实现智慧停车，解决城市停车难的问题。

智慧停车云平台通过手机 App 能够为用户提供车位查询、车位预约、停车引导、智能充电等功能，让用户获得高效的停车引导服务；同时云平台还可以为企业客户提供托管服务、资源分享、统一支付等服务。

2019 年 5 月 15 日，广东省惠州市率先出台了智慧共享停车系统项目投资建设实施方案，该项目成为国内首个大型、综合型停车管理系统项目，同时也解决了当地停车难的问题。

3. 智慧立体停车库

智慧立体停车库是以人工智能作为核心技术来存取车辆的一种立体停车库，这种车库可以大大地缓解城市停车位紧缺的状况，也是智慧城市建设的关键组成部分之一。

智慧立体车库可以分为出入口设备、升降机设备、穿梭车、智能机器人、集中监控系统、停车管理系统及远程诊断系统几个部分。

出入口设备通过红外检测设备对进出立体停车库通道的车辆进行检测，防止车辆内有人员或者宠物遗留。

升降机的作用和普通立体车库升降机作用类似，用于将车辆提升到相应停车层，同时升降机还带有转盘设备，在取车时可以调转车头，便于用户取车，提升用户使用满意度。

穿梭车的作用是将车辆在同一平面进行横移，停到指定位置。

智能机器人能够帮助用户取车，确保取车过程安全平稳，降低停取车事故发生率。

集中监控系统则是整套系统的核心所在，系统通过一系列智能设备以及大数据计算，帮助用户将车辆停在最适合的位置，同时视频监控系统实现了停车的可视化管理。

此外在智慧立体车库中，无论停车、取车还是支付都可以由系统自动完成，通过微信、支付宝等多种方式收费，不需要人工干预，真正实现了无人值守。

远程诊断系统可以实现管理人员对停车库的远程管理与维护。

目前深圳宝安区已经建成了一个智慧立体停车库，该车库通过指纹和人脸方式触发存取车操作，平均存取车时间不超过 90 秒，占用空间也远小于常规停车场。

4. 大数据助力智慧停车

很多城市停车难的原因之一是停车位紧张，另一个原因则是存在"停车信息壁垒"：需要停车的车主找不到停车位，在离他不远的地方却有充足的停车位。

大数据的应用将会打破这种壁垒，停车场通过手机 App、智能停车引导牌等方式为车主提供停车信息，消除停车"信息孤岛"，提高城市停车位利用率，缓解车主为寻找车位而带来的道路交通压力。同时，停车场可以通过市政府政务信息资源共享与交换平台，向政府提供停车大数据信息，为政府的监控管理、拥堵预警、资源规划等决策提供数据。

目前，上海奉贤区大数据停车项目已完成第四批建设，一共改造了 228 个道路停车位。南桥城区智慧停车管理上线后的两个多月时间里效果明显，智慧停车公众号关注人数已超过 9.4 万人，订单完成率超过 85%，覆盖路段停车难的情况明显好转。

同时，可以按照自愿合作、互利共享的原则，对城市现有社会停车场进行信息化升级改造，接入停车云平台监控或管理，打通停车"信息壁垒"。

> 📝 **案例**

随着机动车保有量的增长,石家庄市交通治理问题逐渐突显出来,停车难、停车乱成为城市交通治理的又一顽疾。

为解决城市交通的问题,石家庄交通管理局主要采取了三项措施:

第一,加大科技投入,打牢城市智慧交管基础。

第二,推动智慧停车改革,提高静态交通治理效能。

第三,构建现代化警务机制,提高动态交通治理效能。

其中,智慧停车改革作为停车难的智能化解决方案,可以作为我们的参考:首先,为共享停车资源,石家庄交通管理局主导搭建了"石家庄共享泊车平台",全面整合现有停车公司的信息和资源。

市民只需要一个手机App,就能随时查询停车场信息、寻找空余车位,并在App中完成预约车位、自动导航、自动识别车牌、无感支付、查询停车记录等多种功能,实现了"一个App畅停全城"。

与此同时,在违法停车治理方面,石家庄交通管理局加大了交通智能设备的建设力度,先是在石家庄各辖区大队实际摸排违停集中路段、点位,而后根据摸排结果科学布设违停视频抓拍设备693套,共覆盖130多条道路。同时主导研制了移动执法车,这些执法车在道路上巡回抓拍各类交通违法行为。石家庄主城区5个辖区的交警大队,日抓拍违法停车数量始终保持在5000余起以上,彻底改变了从前交警"人力贴条"的模式和执法困境。

通过为期两年的智能停车改革,石家庄违法停车数量同比下降幅度达到20%,涉及停车问题的投诉、纠纷同比下降30%,停车泊位周转使用率同比提升130%。

8.2 人工智能＋天上交通

8.2.1 无人机：强大功能覆盖海陆空全面辅助交通管理

目前无人机的应用场景众多，可谓全面覆盖我们的生活。

在拥堵问题严重的城市中，无人机派送包裹的效率远高于地面派送，只需要将收件人地址信息录入系统，无人机就可以携带快递自动派送。

可以给无人机装配摄像机，进行街景拍摄或者监控巡察，这种应用方式现今已十分普遍。无人机在城市交通管理中也能够发挥出色的作用。无人机在交通管理领域有拍摄范围广、影像更清晰、长留空高效率、机动灵活、以少替多风险低等诸般优势。

无人机在空中拍摄城市交通情况，可以作为交管部门解决城市交通问题的参考。不仅可以在宏观上确保城市交通发展规划能够被贯彻落实，还可以从微观上实时监控城市路况，打造立体交通管控网络，保证城市交通畅通。在应对交通突发事件方面，无人机监控还可以有效提高救援效率。无人机可以以较低的成本完成对交通路网的全面监控，这种监控还可以是 24 小时不间断的，这对城市交通治理和城市治安都具有重要意义。

无人机辅助交通管理的功能，在铁路运输、公路运输、水路运输、空中运输的交通管理均有发挥余地：

1. 在铁路运输领域，无人机可以为通信设备安全、信息通畅提供强有力的保障，减轻巡查人员的工作量，提升巡查效率，保证铁路运行安全。

2. 在公路运输领域，无人机可以对路面交通进行实时监控，并对交通违法行为进行查处，提升交通管理效率，维护交通秩序，保证道路畅通，同时无人机的精准拍摄与数据传输功能还能为公路勘测、设计提供强有力的技术保障。

3. 在水路运输领域，无人机巡航的成本低、机动性强、实时性高，并且对环境的要求极低，同时精度很高，可以有效协助监控水面运输。

4. 在空中运输领域，无人机对机场落客区进行巡航监测，可消除普通视频监控的监控死角，减少司机违法营运行为，规范乘客候车秩序，帮丢失物品的乘客迅速找回失物，同时当飞机发生事故时，高达80公里/小时的飞行速度和可达到2000米的飞行高度，都有助于无人机协助开展巡航搜救工作。

无人机可以大展身手的领域还包括灾区救援和物资运送。

当发生诸如地震、山体滑坡、暴雨等自然灾害后，灾区道路中断，无人机的优势就体现出来了，无人机可以到达路面运输和水面运输无法到达的区域，同时无人机还可以携带物资并空投到受灾区域，通过将无人物流与无人机相结合，救助灾区民众。无人机在高速公路勘察中同样具备诸多优势：快速高效、机动灵活、分辨率高、处理速度快、运行成本低、受天气和场地影响小、数据结果真实等，这些优势可以帮助无人机在发生公路交通事故时深入危险区域，拍摄并获取数据，快速传输给工程师，使其能够在第一时间确定处置方案。

实际上，无人机能够应用的场景远不止我们提到的这些。警情消防、军事侦察、医疗救护、海洋遥感、地址感测等行业领域，都有无人机的应用空间。

8.2.2 未来：现代航运要素与高新技术的深度融合

1. 未来：全面感知、泛在互联、人机协同、全球共享

未来的智慧航空，突破性、颠覆性技术的应用与融合将打破民航组织运行的一些固有形态。基于新一轮科技革命与产业革命的趋势，分析和思考民航运行模式、组织模式、商业模式的变化，以未来智慧民航的场景轮廓为基础，可以为当下智慧民航的建设明确目标、确立方向。未来智慧民航的维度和场景见表8-2。

表8-2 未来的智慧民航

不同维度	未来场景
时间维度	新一代通信导航监视技术将会大大提高运行指挥的时间精度，由原来分钟级的管制运行控制提高到秒级，能够大大增强民航运行的即时性、交互性，航空公司、机场、空管等各方主体将真正地实现信息资源实时共享和运行控制协同决策

(续)

不同维度	未来场景
空间维度	飞行活动将向超低空、亚轨道等全空域拓展,旅客的服务空间也不再局限于航站楼,而是通过物联网等延伸到城市候机楼甚至家中,航站楼的空间布局也将随功能变化不断调整,自助化、智能化区域成为主体服务区域,无感安保要求融入全区域、全空间
价值维度	航空活动的主导权正在从运营人转向消费者,航空公司围绕旅客价值链展开经营活动,机场的设计和建设更多地从物理地理层面向旅客价值层面延伸

总之,未来的智慧民航将以数据流为载体,形成由业务流、信息流、资金流、价值流等各类资源要素有机融合的民航生态圈,而未来智慧民航的基本形态将是"全面感知、泛在互联、人机协同、全球共享"。

2. 无人机落地应用落地的五个因素

无人机正是这四大基本形态的集中体现,未来,它作为现代航运要素与高新技术深入融合的产物,必将为我们生活的方方面面带来重大改变。

从国家政策来看,无论是近期出台的数项关于"无人机"的支持或规范性政策,还是近期政府工作报告中与人工智能有关的内容,都预示了无人机市场广阔的发展前景。

虽然前景十分美好,但无人机未来发展的关键问题不容忽视,该如何实现各种设想、推动应用落地?

我们知道无人机在智慧交通管理中的落地关键在于五个因素:政策因素、安全因素、技术因素、需求因素和市场因素。

这五个因素不仅对无人机在智慧交通管理中的落地至关重要,而且对深入挖掘无人机在不同领域的应用潜力也意义非凡。

首先,要推动行业规范化发展。包括放宽对消费级无人机用户的限制,实施小型无人机登记管理政策,使用"安全围栏"对无人机飞行范围进行限定、监督和处罚,加快出台更多保障文件等。目前我国无人驾驶汽车的发展要领先于无人机和无人船,目前北京、上海、杭州等多个城市已经开放了无人驾驶汽车的测试道路,而为了加快无人机的商用进程,也应加快飞行测试区域的开放。

其次，要提高交通管理的安全性。无人机的发展速度和加快建设完善的管理系统息息相关，要深入挖掘无人机的应用潜力，就应该制定完善的管理系统解决方案。

第三，构建完善的基础设施，完善通信、导航及监视系统等核心基础设施。

第四，促进行业可持续发展。无人机生态系统中的每个组成部分都应明确自己的定位与需要承担的责任，所有利益相关者都应该摆脱自身局限性，从整体层面来认识无人机系统，并与其他部分加强合作。

最后，实现无人机的产业化。这对管理机构、无人系统服务供应商、无人机运营者、通信服务提供商都提出了很高的要求。

从全球市场来看，无人机在军用、交通监视、街拍巡查、影视拍摄等领域中的潜力与价值已被一一验证。随着产业布局的扩大和国家大力推动，无人飞机必将成为下一个大众趋之若鹜的"风口"。

8.3 人工智能 + 水上交通

8.3.1 无人船：广阔前景，大有可为

随着人工智能与交通行业的结合与发展，无人船领域也受到越来越多的关注，许多国家都加入了研发无人船的大军中。有专家预测：无人船技术将在几十年内彻底改变全球远洋运输的面貌。

业内人士预计，2019 年全球无人船的市场规模将达到 100 亿美元，对于一个新兴市场来说，这是一个惊人的数字。

智能航运是传统航运要素与现代信息、通信、传感和人工智能等高新技术深度融合形成的现代航运新业态，包括智能船舶、智能港口、智能航保、智能航运服务和智能航运监管五个基本要素。根据《智能航运发展指导意见》，到 2020 年年底，我国将基本完成智能航运发展顶层设计；到 2025 年，突破一批制约智能航运发展的关键技术，成为全球智能航运发展创新中心；到 2035 年，较为全面地掌握智能航运核心技术，智能航运技术标准体系比较完善；到 2050 年，形成高质量智能航运体系，为建设交通强国发挥关键作用。

无人船的应用前景极为广阔，小到垃圾清理，大到灾难救援，人工智能无人船都有用武之地。

以水上救援为例，无人船具有续航能力强、机动性高、连续作业能力强、可以深入危险水域的特殊优势，这些特性在灾难救援领域也将成为得天独厚的优势。当无人船与人工智能、物联网感知、红外线人体感知等技术相结合，发生水难时，无人船可以第一时间找到受灾人员并予以救援。

1. 最新技术动向：多艇协同

2018 年央视春晚被称作是"史上最科技的春晚"，由无人船、无人车、无人机组成的"海陆空"大军在世界最长的跨海大桥上——港珠澳大桥亮相，其中无人船阵列，由一艘 7.5 米长的海洋无人艇在最前方领航，带领着 80 个 1.6

米长的小型无人艇,合计81艘无人艇穿过港珠澳大桥,画面美轮美奂。

这项表演涉及了无人船发展的最新技术:多艇协同技术。

2019年5月30日,中国南海万山群岛海域进行了一次大规模水面无人艇"多艇协同"技术测试,引起了各行业的广泛关注。

"多艇协同"是无人艇领域的一项关键技术,这项技术可以解决高度动态水域中单一无人艇无法完成高难度任务的问题。

挑选的测试海域浪涛汹涌、复杂多变,但是这些并没有影响到由56艘无人小艇组成的海上编队。在恶劣环境下,无人艇编队整齐划一地前行,完美避开"岛礁"、穿过"桥洞"、并且完成了队形变换。集群队形保持、动态任务分配、障碍躲避等多项无人艇编队科目都在此次测试中完成。本次测试由56艘无人艇编队参加,也打破了之前美国40条无人艇编队的世界纪录。

虽然目前中国的无人船、无人艇应用还不是很广泛,但是未来水上各种危险或重复枯燥的工作必然会朝无人化发展。无人船作为智能交通的一部分,还会身兼众多交通以外的功能,类似灾难救援、反恐扫雷、监视侦察、情报收集、中继通信、搜寻救助、反潜、水文地质勘察等。

2. 无人船的未来:身兼多种功能,全面改变行业格局

就像无人驾驶汽车将是地面交通的发展趋势一样,无人船也同样是整个船舶行业未来的发展趋势。

而且,无人船将全面改变现今船舶业与水面交通的格局,航运公司、造船厂、船舶设备供应商等船舶行业参与者的角色将被重新定义,针对无人船的水面运输,新的船舶业务将应运而生。

在前面的章节中,我们提到了无人船相对于传统船舶的天然优势:

(1)可实现无人化、智能化作业。

(2)作业效率更高,标准化程度更高。

(3)采用模块化设计,功能多种多样,平台兼容性好。

(4)速度快,机动性强。

(5)小巧灵活,隐蔽性好,水面适应性强。

(6)续航能力好,使用成本低。

所以,无人船所带来的是更安全、更高效、更智能、续航能力更强的运输前

景，以远洋运输为例，无人船的建造成本更低、运载量更大、机动性更高，消耗能源更少，对环境要求更低，同时也更加安全。只要事先设定好航行路线与作业任务，无人船就能在复杂多变的海上环境中开展长时间的自主航行，无人船的全面应用，带来的将是写入人类航海史的巨大变革。

目前，还有众多的技术瓶颈制约着无人船的发展，而随着物联网、云计算、大数据、人工智能、智能感知、泛在电力物联网等高新技术在无人船领域的广泛应用，无人船的技术性能将得到大幅度提升，在不远的将来我们会看到无人船一步步替代人类驾驶船舶，引领智能航运的未来。

同时，无人船也存在相关政策不完善的问题，虽然有多个国家开始推出无人船相关政策法案，但还普遍存在着政策更新跟不上技术革新的问题。不过我们相信，这些问题在未来都会一一解决。

8.3.2　无人码头：空无一人的"全自动化港口"

在青岛港的全自动化码头，一切都井然有序高效地运行着：整个码头空无一人，在这里你找不到传统码头最常见的桥吊司机、搬运工人和集装箱司机，取而代之的是 7 台全自动双小车桥吊、38 台被称为"快递小哥"的 AGV 自动化导引小车、38 台全自动化轨道吊、以及 1 台调箱门固定吊。

看不到人来人往，也没有人发号施令，所见之处只有设备和机械在高效运转，安静有序，行云流水。

从第一个无人码头青岛港、到目前世界最大无人码头上海洋山港，从 2017 年开始，被称为"无人码头"的自动化集装箱码头在我国一些港口陆续落成并投入使用。

无人码头是人工智能与港口经济深度结合的产物，全自动化无人码头更智能化、更稳当、更可靠、运营成本更低同时设备利用率更高。

科技发展最重要的目的在于提升效率。在以前，两个泊位需要 60 名以上的工人，桥吊死时还要爬到高空作业，危险性高，且冬冷夏热辛苦异常。无人码头只需要 9 名操控员坐在中控室，通过远程操作就能轻松完成作业。

我国青岛港无人码头投入运营仅 7 个月，以 39.6 自然箱/小时的单机平均作业效率，创下了全球无人码头行业的新纪录，并把人工码头远远甩在了后面。

目前，青岛港无人码头凭借惊人的数据处理能力和其自主研发的近 20 项专利，使青岛港无人码头的作业效率达到 40 自然箱/小时，作业效率提升了 30%，成了现如今世界自动化程度最高、装卸效率最快的集装箱码头。

青岛港无人码头的操作系统集成了目前世界上最先进的码头操作系统，这套系统同时融合了五大子系统：码头操作系统 TOS、设备控制系统 ECS、闸口控制系统 GOS、电子数据交换系统 EDI 和网站预约查询系统，采用的技术包括物联网感知技术、通信导航技术、模糊控制技术、信息网络、大数据云计算和安全防范等。

这套系统可以统筹协调上百个生产要素，配备的功能包括自动配载、智能设备调度、自动堆场管理及自动闸口、业务处理，能够智能化地做出生产计划策略及作业任务序列，同时实施高效且精确的流程管理及设备调度控制，最终达到生产全过程有机协调和无缝衔接。

智能化贯穿无人码头运输全流程：整个无人码头都在"大脑系统"的控制之下，船舶靠泊前，码头操作系统根据船舶信息自动生成作业计划并下达作业指令，在船舶靠岸的时候开始自动装卸作业，由桥吊将集装箱吊到转运平台上，由智能机器人自动拆锁垫，门架小车将集装箱吊运到自动导引车上，而自动导引车将集装箱运送到指定位置，再由轨道吊将集装箱精确地吊送到堆场。

除了效率高、速度快，无人码头的精准定位及智能控制功能，可以实现人工操作无法实现的零冲击、无声响平稳操作，确保货物零损伤，这些都是过去传统港口中人为操作所无法完成的。

人工智能 + 无人码头，将帮助我国实现港口发展的弯道超车。

我国港口具备吞吐量大、总体增速快和"北强南弱"态势明显的基本特征，同时我国港口要从港口大国跃升为港口强国，还需要克服诸多困难，如港口布局规划管理不科学，港口基础设施重复建设、岸线资源利用率低，经济腹地交叉，竞争十分激烈、港口总体能级较低，服务功能不强，临港产业发展迅速但经济效益不高，港口生态环境不断恶化等。

而全自动化无人码头的出现，使我们看到了我国成为世界级港口强国的希望，新技术的开发与应用，将帮助我们实现港口发展的弯道超车。

未来，我国的全自动化港口建设不仅需要将硬件建设与软件建设融为一体，发挥两者的协同作用，同时也要明确建设重点，集中优势力量开发码头综合管理、综合调度及其他相关软件，依靠自己的力量逐步建立结构完善的软件体系，从而降低对国外核心技术的依赖程度。青岛港的开发建设是最好的示范：研发建设无人码头常规情况下需要 8～10 年，但是青岛港仅用了三年，建设成本仅为国外同类码头的 65%，同时获得了近 20 项专利，研发的关键技术包括全自动岸边无人理货、全自动空箱查验等。

在这个过程中，我们追寻的不仅是智能与效率，还包括在保护环境前提下的可持续发展。低碳节能将始终是我们的重要关注点，保证全方位推进"资源节约型、环境友好型社会"的建设。

8.4 人工智能＋网上交通

8.4.1 人工智能治理交通：城市智慧交通大脑是如何运行的

在交通行业中，过去"人"在各种应用场景中都扮演着重要角色：无论是驾车行驶、秩序维护、违章查处还是信息判断等，这些都需要人类参与才能够顺利完成。但是，随着物联网、大数据以及人工智能技术的飞速发展，"人工智能"在交通出行领域代替"人脑"的情况将会越来越多。

先进的物理感知技术、精准定位技术、精确地图技术和无线通信技术，以及计算机处理和存储性能的飞速提升，交通系统和基础设施信息化水平的不断提高，这些都为人工智能在交通运输管控领域的应用奠定了良好基础，使得人工智能在交通行业能够大展手脚。

1. 城市智慧交通治理的三个阶段

从电子眼监控到集中指挥治理平台出现，再到人工智能用于治理工作，城市智慧交通治理历经三个阶段：

(1)"眼睛时代"：电子眼监控辅助治理

在过去的二十年当中，我国智慧交通系统得到飞速发展，智慧交通系统技术在道路交通管理中的应用越来越多，道路视频监控、电子警察、信号机等都属于智慧交通系统的一部分，这些系统的应用为城市交通指挥中心的建设及应用发挥了巨大作用，但这一阶段智慧交通系统较为分散，未形成信息网络。

(2)"眼手结合"：集中指挥平台出现

2010年左右，中国智慧交通发展迈入了第二阶段，交通部门开始建设交通信息集中指挥平台，同时尝试将交通信息系统同交通指挥系统相结合，并对交通数据进行综合分析判断，智慧交通迎来了一次大飞跃。

(3)大脑时代：人工智能参与到治理中

人工智能、大数据、云计算等技术以极快的速度发展，并且应用到了各行业中，其中就包括交通行业的交通治理领域。伴随这些技术的进入以及借助互联网的力量，智慧交通也开始迈入新时代。5G 时代、车联网、车路协同也将用于日常交通治理。

"AI 思维是指用全量实时数据来感知交通实际情况，如城市每一辆车所在的具体位置，每一个红绿灯口有多少辆车，这些车移动的方向等。通过对这些情况进行全局调整，可以大幅度提升城市交通运营效率。"

现如今，中国车辆的增加以及大量感知设备的应用使交通数据呈指数级增长，数据是人工智能的基础，有了足够多的数据才能够让人工智能充分学习，从而成为"交通大脑"，合理安排利用交通资源，能够使交通资源利用率最大化。

从智慧交通治理的三个阶段来看，智慧交通的发展是从独立到互联的过程，通过人、车、道路、执法部门、指挥部门之间互联互通，形成了现在的智慧交通管理体系。

新模式、新技术的加入带来了新发展，还带来了新竞争。人工智能以及车联网、物联网、互联网技术的进入，智慧道路、无人驾驶等智慧交通技术已经成为各国竞相的热点，这更加推动了中国交通行业面向高质量发展的速度。同时对满足人民日益提高的出行需求，加快交通强国建设都有十分重要的意义。

2. 人工智能"互联网+"信号灯控制优化平台：有效缓解拥堵问题

智能交通灯系统是智慧交通大脑非常重要的组成部分，也是人工智能与交通行业相结合的成果。智能信号灯能够根据车辆和行人通行数量，自动调整红绿灯时间，同时还可以实时监测周围及现场的交通状况。智能信号灯通常有视频采集、闸机、控制器、显示屏、数据分析、数据传输、前端显示、智能控制等系统功能，还可以实现现场交通情况监测和分析、自动控制信号机、人脸识别、抓拍报警、语音提示等功能。简单来说，就是通过对现场中人、车运动情况进行判断和分析后，合理调整红绿灯通行时间，由此减少行人闯红灯情况的发生。智能信号灯能够有效疏解交通压力，减少城市道路交通的拥堵指数。

2016 年的云栖大会上，阿里集团发布了人工智能的"互联网+"信号灯控制优化平台，并于 2018 年在广州正式落地。阿里的这一平台，可应用于路口运行效率的监控，根据路况实施情况，信号灯会自动匹配并调整灯光，还能发出警报提醒交通指挥员关注重点路况。在应用之前，广州海珠区路口全天平均失衡指数排名表显示，南华中路-宝岗大道位居失衡之首，失衡指数为1.14。而在人工智能的助力之下，交警部门对这一路口采取了优化措施，在拥堵时段里将南华中路放行时间增至70秒，并拆分南华中路放行相位。经过一段时间的优化，南华中路-宝岗大道9时—13时和15时—20时的平均拥堵指数分别下降了25.75%和11.83%，路段拥堵指数下降超25%。

8.4.2　网上治理：网约车的治理路径

目前，国家正在积极推动数字监管。政策上，全国各级交通运输部门和道路运输管理机构将抢抓数字化、网络化、智能化发展机遇，加快实现数字监管，切实增进服务体验，以数字化引领行业提质、增效、升级，全力推进运输服务的高质量发展，为决胜全面建成小康社会、建设人民满意交通提供更好更优的运输服务保障。当前及今后一段时期，推进运输服务数字监管的总体思路是：立足"一聚焦、三释放、五转变"，着力构建"五大体系"。"一聚焦"，就是聚焦加快实现数字监管、切实增进服务体验，坚定不移地推进运输服务高质量发展这个主题。"三释放"，就是释放数字化对运输服务保障经济发展的放大、叠加和倍增作用，释放数字化对运输服务领域"放管服"改革的支撑、引领和带动作用，释放数字化对运输服务共享经济的孵化、培育和赋能作用。"五转变"，就是推动监管制度从被动适应向主动引领转变，监管手段从人力密集型向技术密集型转变，监管重点从事前审批为主向强化事中、事后监管转变，监管格局从单一治理向协同治理转变，监管效果从应对需求向注重服务体验转变。着力构建"五大体系"：围绕再造信息"生态链"，着力构建数字化基础支撑体系；围绕用好奖惩"指挥棒"，着力构建数字化信用治理体系；围绕织密安全"防护网"，着力构建数字化风险防控体系；围绕打造市场"晴雨表"，着力构建数字化运行监测体系；围绕架起民生"连心桥"，着力构建数字化便民服务体系。

1. 网约车治理："大数据×交通"时代的网约车监管与治理

网约车服务模式作为一种新型的交通服务业态，是"大数据×交通"最为核心的创新表现。目前，网约车野蛮生长的背后也暗藏风险。滴滴平台近年来在疯狂扩大规模的同时，也接二连三地爆发出多起恶性刑事案件，特别是郑州、温州顺风车司机杀人案。针对滴滴平台存在的重大安全隐患和经营管理漏洞，网信、公安交通等部门联合，紧急约谈了滴滴平台的相关负责人，并明确提出滴滴平台要全面排查整改网约车平台的安全隐患，但最终结果并不尽如人意。显然，应对高度联通时代多变的交通状况，需要更加灵活多元的监管方式。

2. 案例：广州市网约车科技监管

我们将广州市网约车的技术监管以案例形式进行了剖析，理出一条"人工智能+网上治理"的网约车治理新路径。

广州是国家中心城市，珠三角城市群的中心。近期，网络预约出租汽车（简称网约车）非法营运、私人小客车合乘（也称顺风车、拼车）恶性刑事案件屡有发生，特别是郑州、温州滴滴顺风车司机杀人案件也受到广州市公安局和交通运输主管部门的重视，相关部门联合起来力图全面汇集智慧交通采集数据、业务数据和互联网数据以及网约车平台的各类数据，运用统计分析、数据挖掘、人工智能等技术，逐步实现网约车管理由经验治理转向数据治理、科技治理。

相应的数据治理模式如下图所示：

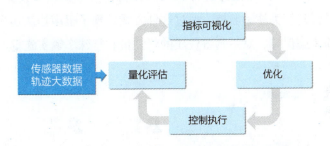

图8-1 基于轨迹大数据持续高频循环迭代优化监管模式图

为了更好地规范广州市网约车的运营，公安部门联手交通运输部门对网约车平台和私人合乘信息服务平台进行了全面检查，为网约车安全运营提供了必要保障。在开展检查活动之前，两个部门从检查程序着手，制定了明确的规划，其中科技监管覆盖落实工作的具体内容和操作包含以下5项：

（1）利用移动警务+"鹰眼"系统强化网约车和顺风车平台驾驶员背景核查

在《交通运输部办公厅、公安部办公厅关于切实做好出租汽车驾驶员背景核查与监管等有关工作的通知》的基础上，广州市公安部门和交通运输两大部门开展联合行动，要求网约车平台核实网约车驾驶员的真实背景，要求其只能在满足

《出租汽车驾驶员从业资格管理规定》的资质和手续的要求时，才能够进行合法运营。如果是私人小客车合乘的情况，要求信息服务平台按照相关规定对驾驶员的背景进行真实性核查。同时将"鹰眼"系统尽快应用到检查执法之中，发挥移动警务的巨大作用。现阶段，警务通在交警工作的很多方面发挥了积极作用，如智能查询、人脸和车牌识别、驾驶证扫码等，这些功能极大地提升了交警的工作效率。

(2) 利用DG（数据治理）大数据平台严格督促网约车平台落实安全和维稳主体责任

广州交通主管部门联合公安机关开展执法工作，引导和督促当地网约车平台公司对自身所承担的安全责任进行落实，私人小客车合乘服务平台也要遵守同样的规则。严格规范派单制度，如果驾驶员的背景没有系统审核或审核没有通过，就不能给其派单。在进行派单工作前，需要对驾驶员进行人脸识别，同时审核车辆和驾驶员之间的一致性。广州公安局充分发挥大数据的作用，利用DG大数据平台（见图8-2）对海量信息进行收集和分析，对车辆、驾驶员、运行轨迹、活动时间等进行密切关注和监控，通过这种方式发现了很多违法违规行为，比如车辆套牌、撞车骗保等，对不具备资质的驾驶员和特殊车辆实施重点监管。

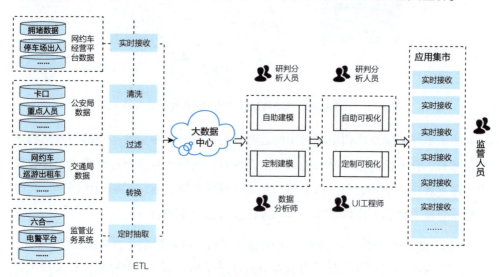

图8-2 网约车大数据治理平台模式图

现阶段，公安部门已经把这些数据输入到 PDA 和指挥系统当中，以加强对网约车的监管工作，对违法违规行为进行精准打击。

(3) 借助"一键报警"健全完善投诉报警和快速反应机制

广州市交通部门和公安机关采取联合执法的方式加强对网约车的管理，同时对乘客进行安全防范教育。两部门要求网约车平台以及私人小客车合乘信息平台安装 App，并在首页设置安全提醒，提醒乘客在遇到危险和突发情况下及时拨打 110 求助。同时，网约车平台也要在 App 上设置明显的"一键报警"装置，这样一来，不管是驾驶员还是乘客，在遇到危险时都能够在第一时间报警。为了妥善解决平台消极接入网约车数据的违规行为，广州交通部门联合公安机关发出指令，要求所有的网约车都要按照规定向公安机关提供准确的技术接口，上传驾驶员信息、车辆信息、位置、行车轨迹、乘客信息等，另外还要配备 24 小时应急团队，在获取到救助信息之后要马上进行甄别，并根据甄别结果报警。同时广州交通部门还开设了专门的投诉专线，接受来自社会各界的投诉和举报。有了"一键报警"功能，可以较为顺利地建立起快速反应和联动机制，当公安机关接到乘客报警之后就能马上进行处理，而交通部门和系统平台则要在技术上提供服务。

(4) 借助出租车执法稽查系统识别和精准打击各类非法营运行为

这个系统有效地结合了人工智能和卫星定位的数据信息，可以对冒牌出租车进行精准识别，还能从整体上掌握冒牌出租车的出没规律、分布特征等，以系统的分析和评估为依据对违法违规行为进行打击，可以极大地提升交通执法的工作效率，这在国内尚属首创。执法人员曾经专门介绍说："只要是出租车行驶过的路径都会留下信息，因此冒牌出租车不管经过哪个关卡都会被记录在案，系统会对它的行动规律进行科学分析，找到其高频出现的线索，这样就能为执法人员提供更为精准的信息。"随着人工智能技术的不断发展，交通运输部门在执法方面也实现了工作方法的升级，从人力密集型转型到智能高效型，这对提升执法工作效率大有帮助。

(5) 建立大数据监管平台

建立"政府＋平台"的网约车大数据监管平台。网约车平台企业掌握了大量数据信息，这是公众要求政府强化监管的理由，同时，网约车平台企业有着广泛的外部性，是政府监管和法律规制的重点对象。建立"政府＋平台"的网约车大数据监管平台，有助于政府监管部门与网约车平台公司之间的良性互动，通过大数据监管平台可以对公司、平台司机及车辆的运行状况都有一个全面的了解，及时发现问题，快速消除安全隐患，降低受损程度，保障企业平台运营的安全。

8.4.3 车联网织就巨型交通信息交互网络

1. 车联网：车辆信息组成的巨型交互网络

车联网的概念引申于物联网，不同行业对车联网的定义也不相同。从人工智能和城市交通管理角度，可以将车联网定义为由车辆位置、速度和路线等基本信息组成的巨大交互网络。利用 GPS、传感器、RFID 等设备，可以采集车辆自身情况和状态的信息；利用互联网技术，这些车辆信息可以传输至城市交通管理中心。交通管理中心利用大数据技术对车辆信息进行分析和处理，合理安排信号灯周期，为车辆提供最佳行车路线并及时汇报路况。

以无锡市城市级车联网示范应用项目为例：

无锡城市级车联网项目启动于 2017 年，在进行了小范围技术验证之后，2018 年在无锡市政府的主导下，该项目联合了中国移动、华为等六家核心单位，十余家汽车企业和多家汽车部件制造商，共同打造全球第一个城市级车联网项目。无锡车联网项目范围包括无锡的主城区和太湖新城的 240 个路口，其中包括了无锡市 5 条主要道路，这五条道路连接了主城区、高铁站和飞机场。

在这个项目中，车联网是项目重要组成部分。在实施的过程中，交通部门为赋能车联网也作出了非常大的贡献，推动了城市智慧交通的建设。

2. 车联网助力实现车路协同

车路协同指的是通过无线通信技术以及互联网技术，实现车辆与车辆、车辆与道路之间的动态实时信息交互，并在此基础上实现车辆主动安全控制以及道路协同管理，从而实现人、车、路三者之间的有效协同，保障交通安全，提高道路通行效率，形成可靠、安全和高效率的道路交通系统。

车联网技术如今已成为未来汽车技术的核心，也是各国争相发展的汽车新技术。而 5G 通信技术和车联网技术的发展，为车路协同赋予了新的内涵，同时也为其注入了新的发展动力。

车路协同助推着城市智慧交通的创新与发展，车路协同作为智慧交通的重要组成部分，是交通大数据采集汇聚的重要支撑，发展车路协同和车联网技术，也是城市智慧交通新技术和产业发展的现实需求，这里面包括对城市交通管理理念的转变需求。

3. 政策支持

目前，国家政策在积极推动车联网发展，国家制造强国领导小组下属的车联网专项委员会专门负责推动我国车联网的相关规划、政策、相关标准的制定。

2018年，工业和信息化部与国家标准委联合印发了《国家车联网产业标准体系建设指南（总体要求）》《国家车联网产业标准体系建设指南（信息通信）》和《国家车联网产业标准体系建设指南（电子产品和服务）》。

2018年12月25日，工业和信息化部印发了《车联网（智能网联汽车）产业发展行动计划》，这些政策标准都在大力推动车联网的发展。

同年，腾讯汽车在其主办的全球汽车AI大会上也针对车联网发布了《中国智能网联汽车市场与用户洞察白皮书》。白皮书中提到，预计中国车联网市场规模将保持40%以上的高速增长，到2025年市场规模有望突破2000亿元，在全球占比高达四分之一。

8.4.4 车联网助力城市交通管控：从组织到执法一条龙

那么，车联网的应用对智慧交通到底有哪些具体推动力，这些推动力又主要体现在哪里？

1. 交通组织：中心系统平台功能提升

交通信号机成为车联网的智慧节点后，其主要作用是交通数据的交互，并不能对数据进行分析处理，真正对车辆网信息数据进行分析处理的是交通部门的中心系统平台。

和传统中心平台相比，首先车辆网交通中心系统平台是以数据为驱动，包括其覆盖区域的交通运行状态以及信号运行状态；其次中心系统平台可以通过数据分析对其覆盖区域的交通运行状态进行判断；最后中心平台将信息推送到需要它们的地方。

2. 交通信息：提供精准信息

交通出行者在其出行时，可以事先了解出行线路上的交通状况，如是否拥堵、施工等，继而选择最优出行路线。

同时在出行者出行的过程中，也还可以实时了解前方道路红绿灯的状态，以及前方的交通状况，如前方发生了交通事故，系统会第一时间将相关信息精准推送给将要路过事故区域的出行者，也会将可变车道、潮汐车道等实时指示信息精准推送给相关出行者。

3. 信号控制：路口信号灯机制创新

传统交通信号控制机主要通过控制红绿灯的预设时间来实现道路交叉口上车辆的分离和分流。而无锡市车联网在这方面做出了创新：在车联网大环境下，路口交通信号机不再简单通过预设时间进行分流分离，而是成为一个智慧节点，这个智慧节点集交通信息感知、交通信号控制、网联通信以及数据交换作用为一体，实现了交通路口的车路协同功能。

网联通信工程需要单独说明，网联通信并不是简单地将信号机连到管理中心，而是将信号机连接到车联网当中，信号机可以实时获取车辆网中的数据，还可以将交通控制、交通管理的信息推送到车联网中，所以这也是车联网对传统信号机做出的创新应用。

4. 动态交通指挥：最大限度保证交通畅通

大城市交通拥堵是一个世界性难题，交通拥堵带来的不仅是时间、金钱的浪费，并且还会造成大量二氧化碳的排放，对环境造成严重影响。车联网是人工智能和交通疏导控制理论相结合的产物，能够对城市道路网络以及红绿灯进行有效优化，能够有效缓解交通拥堵的状况。

在车联网覆盖区域里，每一个信号机都是一个智慧节点，发送信息的同时，还可以接收中心系统平台的信息，其中就包括信号控制信息。中心系统平台会根据实际交通情况对交通信号灯进行合理调整，最大限度保障交通通畅。

5. 交通执法：多角度协助执法

车联网中心系统平台可以采集、分析、和推送信息，这些信息除了给车联网的智慧节点外，还会推送给交通出行管理者，为其提供精准的信息服务。比如当有的违法车辆经过执法者所在区域时，系统的会通过移动终端自动提醒执法者，并且将车辆相关信息显示给执法者。

8.5 问题与展望

8.5.1 问题：人工智能+交通目前存在的四个问题

目前，中国智慧交通的发展已经取得了明显的成效，包括：

1）基础设施的智能化提升了交通运行效率。

2）运输装备的智能化技术不断创新和提高。

3）运输服务创新应用成效显著，出现了网约车、共享单车、12306铁路联网售票、物流信息平台等一系列智慧交通项目和系统，服务规模和发展水平都居于世界的前列。

4）行业协同的治理应用向深层次推进。

5）开放共享的数据资源体系基本建立。

在本书中我们详细探讨了人工智能在交通领域的应用、发展和未来潜力，毫无疑问，人工智能将全面赋能交通，但是目前人工智能与交通领域的结合仍然存在着一些问题。

以无人物流为例，它有传统物流无法相比的优势，当然，也还有待解决的问题，无人物流和主要优势和待解决问题见表8-3。

表8-3 无人物流的优势和问题

主要优势	待解决的问题
运量越大，运输成本越低	无人物流相关设备制造成本相对较高
可全天候工作，节省资源，更加高效	物流行业基层人员大量精简，如何保证这部分人的就业
高效快捷的运输方式给用户带来极致的体验，可作为增值服务	交通政策、法律法规目前还需要完善
在部分环境下无人配送效率远超人工配送	无人物流汽车对环境要求较高，路况越简单越熟悉越好，无法在复杂路况和陌生环境下高效工作

(续)

主要优势	待解决的问题
无人物流将改变后端物流供应链，错误更少，效率更高	车路协同和智能道路、智能社区并未普及，无人配送需要这些支持
多形式联运，综合利用无人仓库、无人汽车、无人机、自动签收（驿站），实现无缝对接	预防货物窃取和货物运输的安全问题
无人交付将改变现有零售模式，高效率的运作提升了整体用户满意度	无人驾驶测试路线目前仍相对单一，现实应用时无人物流面临的是更复杂的环境

问题1：成本问题

以无人物流为例，无人物流的优势在于运输量越大，运输成本就越低，但是无人物流相关设备和系统的前期研发和制造本身需要大量成本。如何控制与协调成本是人工智能与交通行业相结合所面临的重要问题。

问题2：行业人员的就业安排问题

任何一项新技术的出现除了带来效率提升、增加体验等正面因素，还会带来一些负面因素。前面我们介绍过青岛港无人码头的人员变化，过去光泊车就需要六十个工作人员，如今只需要九名指挥人员，可见，无人物流的发展可能会导致基层快递员大量精简，如何保证和重新安排他们就业是个新问题。

问题3：法律法规问题

人工智能与交通行业的结合迎来了日新月异的发展态势，国家也在不断出台政策法规，无论是空中交通、路面交通还是水上交通，都会涉及大量的政策和规范，有待政府制定和完善。

问题4：民众接受度问题

人工智能与交通行业在某些领域相结合是普通民众愿意接受且喜闻乐见的，比如说无人物流——大多数人都会觉得从室内机器人的"手上"拿到快递是件新鲜且有趣的事情。

但是同时，有些领域则不一定能获得所有人的认可——比如说，我们如何说服长辈相信车辆虽然无人驾驶，但比真人驾驶更安全？

以美国为例，美国非常重视加强交通通道建设，美国政府每年会投资约880亿美元用来改善基础设施，目的是增加经济体的活力和竞争力。目前在美国自动驾驶技术广受关注，这项技术的出现无疑扩大了弱势群体的出行自由度。但是也面临着一些问题，据调查显示，71%的美国民众对于无人驾驶汽车存在着畏惧情绪。

这种畏惧情绪是普遍存在的。

美国民众对无人驾驶汽车的普遍性畏惧情绪以及消费者的接受度是这项技术未来能否成功的关键："所以我们在措辞上试着用'自动驾驶'替代'无人驾驶'，希望可以减少一点公众的紧张情绪。我和汽车制造商开诚布公地谈过，我要求他们与人们分享自己的专业知识，因为消费者接受度将是这项技术未来成功的关键。实际上平时我们对人为失误较为宽容，但到了机器身上好像就变得很严厉。"

同时，未来美国政府将找到自动驾驶车辆保险等一系列解决方法："我们要为未来做准备，准备好迎接新的交通技术，使其能够消除公众对安全、隐私的忧虑，同时不要阻碍创新。"

对于与人工智能相结合的其他交通工具而言，也是如此，一方面完善相关法律法规，一方面加强对无人交通工具的科普和正面宣传，以消除民众的畏惧顾虑，增强民众对无人交通工具的信心，促进人工智能+交通的长足发展。

8.5.2　展望：人工智能为交通运输带来的革命性变化

人工智能技术如今已经日益成熟，并且被广泛应用在各行各业，其中就包括近两年备受关注的智慧交通行业。人工智能在智慧交通领域的应用已经比较成熟，其应用主要包括交通管控、智慧出行两个方面。

任正非在最新内部讲话中，把车联网、人工智能和边缘计算共同列为华为未来的三大突破点，任正非分析指出，华为车联网可以成立商业组织，要加大对自动驾驶等战略的投入；人工智能为内部生产管理改进服务和为产品服务两方面可以互补；而在边缘计算方面，华为只做基础平台，否则需要投入大量管理成本。

人工智能给交通运输带来革命性的变化。

1. 效率革命

人类至今已经经历过三次工业革命，正在经历第四次工业革命。从过去的发展过程来看，工业革命和交通运输一直都保持着非常紧密的关系。蒸汽机、内燃机、电气化这些工业革命标志性产物，不但给交通工具带来了创新和进步，同时还促进了交通运输发展模式的革命，改变了人们的生活方式。当前世界正在经历第四次工业革命，云计算、物联网、人工智能都是这次工业革命的主导力量，它们的快速发展引发了群体性技术变革，让社会生产力发展进入一个新的阶段。

移动的随机性和地域分布的广泛性是当下交通运输最大的两个特点，人工智同样具备这两点。人工智能、大数据等新技术与交通信息化深入结合并形成智慧交通，为提高交通运输效率以及安全提供了系统性解决方案，让交通运输服务更加便捷化和人性化，交通运输的运输模式将会发生革命性变化。未来汽车的电动化、自动化和出行共享化就是交通运输变化的三个方向。

人工智能将为我们带来效率的提升，无人码头已证明这一点，而无人物流、无人飞机、无人船的发展也将大大提升效率，促进经济的发展。物联网、车联网的应用将会组成一个独立的汽车信息网络，交通进入信息时代，人工智能的应用必然会促进自动驾驶、智能车路系统应用的发展，交通运输服务的效率、品质和管理也都将发生革命性变化。

2. 安全革命

人工智能同时为我们带来的还有安全。

在汽车软件化驱动下，和十年前相比，如今的汽车在安全性能方面已经有了较大提升，但是每年仍然有极高的汽车事故率以及事故死亡率。据统计，仅在2017年，美国因机动车事故死亡人数就将近4万人，这意味着，每天有近100人死于机动车事故。因此安全是无人驾驶技术中人们最关注也最重要的特性，无人驾驶技术不受制于驾驶员的心理和生理情况，能够始终保持在稳定状态，同时在复杂环境下，人工智能展现出的驾驶能力将打破人类驾驶感知和反应能力的局限性，这些都极大地提高交通出行的安全水平。

后　记　关于推进我国智慧交通产业发展的政策建议

智慧交通产业作为高新技术集成产业的典型代表，有着极为复杂的技术体系和管理对象。为了更好地推进高新技术产业的稳定发展，我国政府出台了一系列相关政策，但考虑到智慧交通产业本身的特性，其与普通的高新技术产业存在明显差异，为其出台更具针对性的产业政策是很有必要的。

◇ 智慧交通产业与其他高新技术产业的区别

1. 涉及面广、带动性强

智慧交通产业是一项综合性极强的交叉性产业，涉及范围广泛，能够为诸多关联产业发展带来强大推力。首先，机电产业发展将大为受益，智慧交通的实现必然要有海量的交通信息采集、信息通信、信息发布等硬件设备作为支持，这将促使机电产业迈入高速发展快车道；其次，有利于推动通信技术、信息产业进一步发展，信息生成、采集、处理、传输等是智慧交通系统持续稳定运行的重要基础，而这必然需要互联网、物联网、卫星通信等通信技术以及信息产业提供强有力支持；最后，将推动计算机、微电子及软件产业的进一步发展，完善的数据和信息处理中心是智慧交通体系的关键组成部分，而数据和信息处理中心的建设与维护，又需要计算机、微电子及软件产业相关技术与产品的研发与更新迭代。也就是说，推进智慧交通产业发展不但能够提高交通发展水平，还能带动一系列关联产业发展，从而创造巨大的经济效益与社会效益。

2. 资金需求的持续性、长期性和规模性

基础设施投资与服务投资是智慧交通产业投资的两大主流方向，由于我国智慧交通产业仍处于初级发展阶段，投资将以基础设施投资为主。智慧交通基础设施投资包括电子收费系统、交通管理系统、公共交通信息平台系统、应急管理系统等多个细分领域。

从美国、日本等智慧交通建设先行者的发展实践来看，智慧交通基础设施建设投资资金需求具有持续性、长期性、规模性等特征，比如，1991—2010年间，美国政府为推进智慧交通产业建设投资了400亿美元；1996—2015年间，日本政府为发展智慧交通系统投入7.8兆亿日元。

和普通交通建筑设施不同的是，智慧交通建筑设施建设周期长，需要根据技术革新不断更新迭代，边使用边建设是常态，必须长期投入大量人力、物力。

3. 技术的集成性和知识产权的复杂性

智慧交通产品集成了多种技术与功能模块，而不同技术和功能模块所属知识产权主体有所差异，以GPS导航产品为例，该产品要应用全球移动通信技术（GSM）、地理信息系统（GIS）、全球卫星定位技术（GPS）、计算机网络通信与数据处理技术等，而这些技术的知识产权主体位于多个国家，单一厂商是无法独立提供服务的，需要多家厂商的共同参与。

4. 运营模式的独特性

智慧交通产品厂商和客户之间的交易并非是一次性交易，首次交易完成后，客户还需要厂商提供一系列的增值服务，比如，信息服务、软件升级、系统更新等，而且厂商会不断开发新的增值服务，这就导致了智慧交通产业运营模式的独特性。以动态信息服务为例，美国智慧交通动态信息服务商提供的信息服务是免费的，通过出售广告位来实现盈利。

◇ 智慧交通产业化发展中的政策缺陷

推进智慧交通产业发展受到了各级政府的高度重视，然而在其管理实践过程中尚存在较为明显的政策缺陷。

1. 政府角色不明确

美国、日本、德国等交通强国的智慧交通的发展实践表明，政府理清自身在智慧交通产业中的角色定位尤为关键。通常而言，政府应该承担制定发展规划、解决资金问题、完善相关体制、提供政策扶持四项责任。

★ 在制定发展规划方面，美国运输部于1995年3月发布《国家ITS项目规划》，对ITS涵盖的7大领域和29个用户服务功能进行了明确；日本建设省等5省厅于1995年联合出台《道路、交通、车辆领域信息化实施方针》，确定了9大开发领域与11项推进措施，次年7月，5省厅又联合发布《关于推进ITS整体构想》，对ITS目标功能及开发推广思路进行明确，为此后20年间的ITS建设奠定了坚实基础；欧盟于1985年建立欧洲道路运输信息技术实施组织（TRICO），专门负责ITS建设，并推出"智慧道路和车载设备研究发展计划"。

在解决资金问题方面，美国政府出台法案要求各级政府将智慧交通产业投入列入基本投资计划，联邦、州及各级地方政府是投资主力军；日本政府采用了政企联合的方式，政府和企业共同为智慧交通产业发展提供资金支持。

在完善相关体制方面，日本政府建立了政府、民间、学术机构实时交互、高效协同的沟通协调机制，是日本打造完善的智慧交通管理体制的重要基础。

在提供政策扶持方面，美国、日本等出台了多项法律法规，以美国为例，美国国会于1991年颁布《陆上综合运输效率法》，1997年对该法案进一步完善，颁布《综合运输法》，新法案中提供了行之有效的提高运输网络效能的技术解决方案。

我国采用了由交通运输部、科技部等多部门联合，自上而下推进智慧交通产业发展的思路，但相当比例的地方政府没有对智慧交通系统建设权责进行明确，不存在建设主管单位及综合协调机构。由于部分地方政府未能明确自身在智慧交通产业发展中的角色，无法从中长期战略高度上对产业发展进行规划与引导，对产业的长期稳定发展带来诸多阻碍。

2. 投融资政策不具体

我国高新技术企业发展资金以自筹为主，虽然智慧交通属于高新技术产业范畴，但其资金需求的长期性、持续性等特征，决定了仅由相关企业自筹资金是根本无法解决问题的。美国解决资金问题的途径是政府主导、企业参与，而日本则是政企结合。目前，我国智慧交通产业发展资金来源以政府投资为主，但未来将采用何种方式解决资金问题，并没有具体的投融资政策，这就使智慧交通产业投资具有较大的不确定性。

此外，部分智慧交通建设项目并非全部是经营型项目，社会公益型项目也占据不小的比重，不同项目投资策略与方案应该有所差异，但我国政府没有对相关项目进行划分，导致投资策略与方案缺乏针对性。

3. 对产品研发的扶持力度不足

国内智慧交通中高端市场被海外品牌所垄断,关键核心技术需要从国外进口。比如,近年来我国智慧导航产业发展迅猛,新型智慧导航产品大量涌现,在智能手机、汽车等终端中得到了大规模应用,但关键核心技术与零部件严重依赖进口,智慧交通管理领域也存在类似问题。虽然导致这种不利局面的因素是多方面的,但政府对产品研发扶持力度不足无疑是一个重要因素。

4. 对 ITS 建设和运营市场秩序的建立缺乏相应的鼓励和保护政策

技术研发与应用是智慧交通产业发展的重中之重,然而我国智慧交通产品市场存在知识产权保护不到位、恶性竞争引发劣币驱逐良币等诸多问题,严重阻碍了相关技术的研发与应用,如何规范智慧交通产业市场秩序是我国政府未来需要重点解决的问题。

◇ 智慧交通产业化发展的政策选择

1. 明确政府的主导地位,弥补政府管理的缺失

政府应该是推动智慧交通产业发展的主导者,国家及各地方政府都应该组建负责主管的推进协调领导小组,将智慧交通建设项目作为提高交通发展水平,助力国民经济稳定增长的政府级项目,加快研究制定智慧交通产业发展规划;将智慧交通投入纳入政府基本投资计划,给予其必要的资金支持;政府引导企业成立智慧交通产业联盟及协会,并出台相关政策扶持其快速发展。

2. 完善智慧交通产业投融资体系

丰富完善智慧交通产业投融资体系,能够为相关企业尤其是创业公司提供资金支持,对加快智慧交通产业化进程具有十分关键的影响。我国政府需要加快建立政府主导、企业参与,以及直接融合和间接融资相结合的智慧交通产业化投融资体系。

首先需要对智慧交通建设项目性质进行明确,划分出社会公益型项目和经营型项目,比如,交通管理系统、公交管理系统、应急管理系统等运输管理系统属于社会公益型项目范畴;服务信息提供系统、商业车辆管理系统则属于经营型项目。

不同性质的项目适合采用的投资方案有所不同,要根据投资主体、投资对

象、投资回报率等，设计个性化的投资战略规划。社会公益型项目应该以政府投资为主，而经营型项目则可以引入社会资本，让企业及投资机构能够充分参与到智慧交通建设之中。

其次，各级政府要对投资结构进行优化完善，将更多的资源向智慧交通领域倾斜，对于公益型项目及示范效果好的战略性项目要重点扶持，解决富有活力与创新力的初创企业融资难问题。同时，各级政府还要引导社会资本流向，加快完善智慧交通产业投融资回报机制，提高海内外资本机构投资积极性，利用补贴、税收减免等方式激励企业研究创新，提高我国智慧交通产品的溢价能力。

3. 建立有利于智慧交通产业发展的市场秩序

需要明确的是，现阶段的智慧交通产业政策不但承担着引导扶持智慧交通产业长期稳定发展的使命，更需要解决尚未完善的市场机制造成的诸多问题。未来，想要建立公平、公正、有序的智慧交通产业市场秩序，必须做好以下几点：

1）相关部门要进一步加强监管力度，制定完善的行业法律法规体系，对存在侵犯知识产权、恶性竞争等行为的个体与组织要进行严厉惩罚。

2）建立智慧交通产业市场准入制度，提高准入门槛。

3）加快完善知识产权保护制度，提高科研成果转化。

4）充分发挥产业联盟、协会等行业组织的作用，加强行业自律，同时，为公众提供方便快捷的沟通渠道，加强公众监督。

参 考 文 献

[1] 赵光辉,李莲莲,单丽辉. 综合运输服务:互联网与大数据应用评价[J]. 综合运输,2015(9):1-2.

[2] 赵光辉. "十三五"期中国交通服务战略展望[J]. 改革与战略,2015(5):2.

[3] 赵光辉,田仪顺. 交通运输社会服务能力[M]. 北京:人民交通出版社,2013:56-59.

[4] 赵光辉,陈立华. 公路交通应急管理教程[M]. 北京:人民交通出版社,2013:37-42.

[5] 赵光辉. 我国"互联网+"综合运输服务的演进与政策研究[J]. 中国流通经济,2016(3):3-5.

[6] 赵光辉. 综合运输体系人才培养解析[J]. 人才开发,2010(11):1-2.

[7] 赵光辉,田仪顺. 行业人才资源整合研究的进展与方向[J]. 科技与经济,2010(3):2-3.

[8] 赵光辉. 交通运输系统贯彻落实党管人才原则的启示[J]. 人力资源开发,2010(5):3.

[9] 赵光辉. 交通运输行业人才开发面临三大挑战[J]. 中国人才,2010(7):2-4.

[10] 赵光辉,田仪顺. 现代交通运输业发展研究综述[J]. 交通运输部管理干部学院学报,2010(1):1-2.

[11] 赵光辉. 交通行业人才开发主体的博弈研究[J]. 当代经济管理,2009(1):3-4.

[12] 赵光辉. 交通人才开发研究[M]. 武汉:湖北人民出版社,2008:132-136.

[13] 赵光辉. 人才结构与产业结构互动机理及相关政策研究[M]. 武汉:湖北人民出版社,2007:174-178.

[14] 王楠,李丽丽,陈鹏东,等. 浅谈城市环境下无人驾驶汽车的发展与挑战[J]. 内燃机与配件.2018(17):2-3.

[15] 胡元蛟. 科技哲学视角下无人驾驶汽车产业发展研究:以合肥为例[J]. 创新科技,2018(7):2.

[16] 李鸿飞. 基于城市环境的无人驾驶汽车关键技术研究[J]. 通讯世界,2018(8):2-3.

[17] 刁生富,王吟. 无人驾驶汽车焦点问题与社会治理探析[J]. 中国统计,2017(9):2.

[18] 佚名. 无人驾驶汽车有望三年内在英国上路[J]. 汽车与配件,2017(33):12-15.

[19] 王浩鹏. 无人驾驶汽车的发展和展望[J]. 科技风,2018(3):34-37.

[20] 王福文. 无人驾驶汽车发展状况及面临的挑战[J]. 沧州师范学院学报,2017(4):24-25.

[21] 柴占祥. 自动驾驶改变未来[M]. 北京:机械工业出版社,2017:235-238.

[22] 王泉. 从车联网到自动驾驶:汽车交通网联化、智能化之路[M]. 北京:人民邮电出版社,2018:146-152.

[23] 黄志坚. 智能交通与无人驾驶 [M]. 北京：化学工业出版社，2018：26-32.

[24] 高彦杰，于子叶. 深度学习：核心技术、工具与案例解析 [M]. 北京：机械工业出版社，2018：46-52.

[25] 王淑君. 汽车驾驶全程图解：配动画视频版 [M]. 北京：化学工业出版社，2017：78-82.

[26] 裴保纯，王耀宇. 自动挡汽车驾驶图解 [M]. 北京：化学工业出版社，2016：105-110.

[27] 王晓原，孙锋. 智能交通系统 [M]. 成都：西南交通大学出版社，2018：36-45.

[28] 中国智能交通协会. 智能交通产品与技术应用汇编 [M]. 北京：电子工业出版社，2017：69-73.

[29] 孟添. 智能交通系统理论体系与应用 [M]. 上海：上海大学出版社，2018：231-240.

[30] 郭戈，岳伟. 智能交通系统中的车辆协作控制 [M]. 北京：机械工业出版社，2016：37-45.

[31] 曲大义，陈秀锋，魏金丽，等. 智能交通系统及其技术应用 [M]. 2版. 北京：机械工业出版社，2017：134-140.

[32] 李瑞敏，邱红桐. 智能交通系统规划设计及案例 [M]. 北京：中国建筑工业出版社，2016：43-47.

[33] 徐建闽. 智能交通系统 [M]. 北京：人民交通出版社，2014：48-52.

[34] 于泉. 高速公路智能交通系统 [M]. 北京：人民交通出版社，2018：69-72.

[35] 赵光辉，朱谷生. 互联网+交通：智能交通新革命时代来临 [M]. 北京：人民邮电出版社，2016：126-133.

[36] 于德新，张伟，林赐云，等. 高速公路智能交通信息平台顶层设计与关键技术 [M]. 北京：化学工业出版社，2016：23-27.

[37] 张俊友. 智能交通系统及应用 [M]. 哈尔滨：哈尔滨工业大学出版社，2017：59-63.

[38] 利普森，库曼. 无人驾驶 [M]. 林露茵，金阳，译. 北京：文汇出版社，2017：36-39.

[39] 陈慧岩，熊光明，龚建伟. 无人驾驶车辆理论与设计 [M]. 北京：北京理工大学出版社，2018：58-62.

[40] 龚建伟，姜岩，徐威. 无人驾驶车辆模型预测控制 [M]. 北京：北京理工大学出版社，2014：79-83.

[41] 陈慧岩. 无人驾驶汽车概论 [M]. 北京：北京理工大学出版社，2014：134-138.

[42] 刘少山. 第一本无人驾驶技术书 [M]. 北京：电子工业出版社，2017：28-32.

[43] 王世峰. 基于人工智能的无人驾驶车辆路面识别技术 [M]. 北京：机械工业出版社，2018：156-158.

[44] 泉田良辅. 智能化未来：无人驾驶将如何改变我们的生活 [M]. 杭州：浙江大学出版社，2015：48-54.

[45] 熊光明，高利，吴绍斌，等. 无人驾驶车辆智能行为及其测试与评价 [M]. 北京：北京理工大学出版社，2015：47-52.

[46] 李开复,王咏刚. 人工智能 [M]. 北京:文化发展出版社,2017:69-74.

[47] 卢奇,科佩克. 人工智能 [M]. 2版. 林赐,译. 北京:人民邮电出版社,2018:83-86.

[48] 腾讯研究院,中国信息通信研究院互联网法律研究中心,腾讯AI Lab,等. 人工智能:国家人工智能战略行动抓手 [M]. 北京:中国人民大学出版社,2017:158-164.

[49] 古德费洛,本吉奥,库维尔. 深度学习:人工智能算法 [M]. 赵申剑,黎彧君,李凯,等译. 北京:人民邮电出版社,2017:79-86.

[50] 罗素,诺维格. 人工智能:一种现代的方法 [M]. 3版. 殷建平,祝恩,刘越,等译. 北京:清华大学出版社,2013:168-174.

[51] 汤晓鸥,陈玉琨. 人工智能基础 [M]. 上海:华东师范大学出版社,2018:36-38.

[52] 李德毅,于剑. 人工智能导论 [M]. 北京:中国科学技术出版社,2018:58-72.

[53] 中国人工智能产业发展联盟. 人工智能浪潮:科技改变生活的100个前沿AI应用 [M]. 北京:人民邮电出版社,2018:55-59.

[54] 库兹韦尔. 人工智能的未来 [M]. 盛杨燕,译. 杭州:浙江人民出版社,2016:88-95.

[55] 卡洛,弗兰金,克尔. 人工智能与法律的对话 [M]. 陈吉栋,杨惠敏,杭颖颖,译. 上海:上海人民出版社,2018:145-149.

[56] 尼克. 人工智能简史 [M]. 北京:人民邮电出版社,2017:73-78.

[57] 琼斯,张臣雄. 人工智能+:AI与IA如何重塑未来 [M]. 北京:机械工业出版社,2018:163-167.